NEW
GENERATION
KOREAN
1

WORKBOOK

SECOND EDITION

Beginner Level

NEW GENERATION KOREAN

WORKBOOK

SECOND EDITION

1

Mihyon Jeon
Kyoungrok Ko
Daehee Kim
Yujeong Choi
Ahrong Lee

UNIVERSITY OF TORONTO PRESS
Toronto Buffalo London

ISBN 978-1-4875-5704-1 (paper)   ISBN 978-1-4875-5705-8 (PDF)

We welcome comments and suggestions regarding any aspect of our publications – please feel free to contact us at news@utorontopress.com or visit us at utorontopress.com.

Publication cataloguing information is available from Library and Archives Canada.

Cover design: John Beadle

This work was supported by Core University Program for Korean Studies through the Ministry of Education of the Republic of Korea and Korean Studies Promotion Service of the Academy of Korean Studies (AKS-2018-OLU-2250001).

We wish to acknowledge the land on which the University of Toronto Press operates. This land is the traditional territory of the Wendat, the Anishnaabeg, the Haudenosaunee, the Métis, and the Mississaugas of the Credit First Nation.

University of Toronto Press acknowledges the financial support of the Government of Canada, the Canada Council for the Arts, and the Ontario Arts Council, an agency of the Government of Ontario, for its publishing activities.

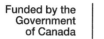

Contents

1

한글

- ‣ Vowels
- ‣ Consonants
- ‣ Syllable Blocks
- ‣ Korean Typing

Vowels

A **Listen and practice writing each vowel letter while keeping the stroke order.**

Vowel Sound	Vowel Letter	Writing Practice				
	ㅏ					
	ㅓ					
	ㅗ					
	ㅜ					
	ㅡ					
	ㅣ					
	ㅐ					
	ㅔ					

B Listen and practice writing each vowel letter while keeping the stroke order.

Vowel Sound	Vowel Letter	Writing Practice			
	ㅑ	ㅑ			
	ㅕ	ㅕ			
	ㅛ	ㅛ			
	ㅠ	ㅠ			
	ㅒ	ㅒ			
	ㅖ	ㅖ			
	ㅘ	ㅘ			
	ㅝ	ㅝ			
	ㅚ	ㅚ			
	ㅟ	ㅟ			
	ㅙ	ㅙ			
	ㅞ	ㅞ			
	ㅢ	ㅢ			

C Choose the vowels that you hear.

1. ☐ ㅏ　　☐ ㅓ
2. ☐ ㅜ　　☐ ㅡ
3. ☐ ㅓ　　☐ ㅗ
4. ☐ ㅑ　　☐ ㅕ
5. ☐ ㅔ　　☐ ㅖ
6. ☐ ㅐ　　☐ ㅒ
7. ☐ ㅛ　　☐ ㅕ
8. ☐ ㅙ　　☐ ㅟ
9. ☐ ㅘ　　☐ ㅝ
10. ☐ ㅖ　　☐ ㅢ

D Choose the words that you hear.

1.  오이　　 아이

2. 이　　오

3.  예　　왜

4.  여유　　 여우

5.  아우　　 야유

Consonants

E Practice writing each consonant letter.

Sound	Letter	Writing Practice					
k	ㄱ 기역	ㄱ					
n	ㄴ 니은	ㄴ					
t	ㄷ 디귿	ㄷ					
r, l	ㄹ 리을	ㄹ					
m	ㅁ 미음	ㅁ					
p	ㅂ 비읍	ㅂ					
s	ㅅ 시옷	ㅅ					
ø, ng	ㅇ 이응	ㅇ					
ch	ㅈ 지읒	ㅈ					
ch'	ㅊ 치읓	ㅊ					

Sound	Letter	Writing Practice					
k'	**ㅋ** 키윽	ㅋ					
t'	**ㅌ** 티읕	ㅌ					
p'	**ㅍ** 피읖	ㅍ					
h	**ㅎ** 히읗	ㅎ					
kk	**ㄲ** 쌍기역	ㄲ					
tt	**ㄸ** 쌍디귿	ㄸ					
pp	**ㅃ** 쌍비읍	ㅃ					
ss	**ㅆ** 쌍시옷	ㅆ					
tch	**ㅉ** 쌍지읒	ㅉ					

F Choose the sounds that you hear.

1. ☐ 가   ☐ 나   2. ☐ 라   ☐ 아

3. ☐ 자   ☐ 카   4. ☐ 차   ☐ 다

5. ☐ 마   ☐ 바   6. ☐ 사   ☐ 자

7. ☐ 타   ☐ 파   8. ☐ 아   ☐ 하

G Listen to each word and repeat it out loud. Then choose the last word you hear.

1. ☐ 가요   ☐ 카요   ☐ 까요

2. ☐ 거요   ☐ 커요   ☐ 꺼요

3. ☐ 달   ☐ 탈   ☐ 딸

4. ☐ 데워요   ☐ 태워요   ☐ 때워요

5. ☐ 불   ☐ 풀   ☐ 뿔

6. ☐ 발   ☐ 팔   ☐ 빨

7. ☐ 종   ☐ 총   ☐ 쫑

8. ☐ 자요   ☐ 차요   ☐ 짜요

9. ☐ 공자   ☐ 공차   ☐ 공짜

10. ☐ 밤   ☐ 팜   ☐ 빰

11. ☐ 사요   ☐ 싸요

12. ☐ 살   ☐ 쌀

Syllable Blocks

Fill in each box with a syllable consisting of a consonant and a vowel.

모음 자음	ㅏ	ㅑ	ㅓ	ㅕ	ㅗ	ㅛ	ㅜ	ㅠ	ㅡ	ㅣ
ㄱ	가	갸	거	겨	고	교	구	규	그	기
ㄴ		나							느	
ㄷ			더					듀		
ㄹ				려			루			
ㅁ					모	묘				
ㅂ						뵤				
ㅅ							수			
ㅇ								유		
ㅈ						죠			즈	
ㅊ					초					치
ㅋ				켜						
ㅌ				텨						
ㅍ		파								
ㅎ	하									

I Practice writing the following words.

1. Words with ㄱ

	개			
	구름			
	공부			
	한국			

2. Words with ㄴ

	나무			
	노래			
	남자			
	눈			

3. Words with ㄷ

(pig)	돼지			
(money)	돈			
(calendar)	달력			
(chicken)	닭			

4. Words with ㄹ

(ramen)	라면			
(robot)	로봇			
(cake)	생일			
8	팔			

5. Words with ㅁ

(door)	문			
(face)	머리			
(horse)	마			
(dancer)	춤			

6. Words with ㅂ

(pants)	바지			
(airplane)	비행기			
(snake)	뱀			
(house)	집			

7. Words with ㅅ

	사전			
	선물			
	옷			
	홍수			

8. Words with ㅇ

	우표			
	야구			
	공			
	음악			

9. Words with ㅈ

	전화			
	사진			
	자전거			
	쥐			

10. Words with ㅊ

	차			
	책			
	청소			
	꽃병			

11. Words with ㅋ

	커피			
	카메라			
	스키			
	부엌			

12. Words with ㅌ

	트럭			
	태권도			
	택시			
	탈			

13. Words with ㅍ

	포도			
	편지			
	연필			
	잎			

14. Words with ㅎ

	해			
	하나			
	학교			
	할머니			

J Practice writing the following words.

1. Countries

한국 Korea			
캐나다 Canada			
중국 China			
미국 United States			
일본 Japan			
영국 England			

2. Cities

서울 Seoul			
토론토 Toronto			
런던 London			
뉴욕 New York			
방콕 Bangkok			

3. Body parts

눈 eye			
코 nose			
입 mouth			
귀 ear			
머리 head			
목 neck			
어깨 shoulder			
팔 arm			
손 hand			
다리 leg			
무릎 knee			
발 foot			
배 stomach			
허리 waist			

4. Foods

불고기			
삼겹살			
비빔밥			
피자			
햄버거			
된장찌개			
콜라			

5. Loan words

이메일 e-mail			
인터넷 Internet			
스케이트 skate			
스웨터 sweater			
콘서트 concert			
컴퓨터 computer			
스마트폰 smart phone			

K Practice writing the following expressions.

1. Greetings & Courtesies

안녕하세요.		
안녕히 가세요.		
안녕히 계세요.		
실례합니다.		
감사합니다.		
고맙습니다.		
미안합니다.		
죄송합니다.		

2. Classroom Expressions

잘했어요.		
앉으세요.		
일어나세요.		
읽어 보세요.		
따라 하세요.		
잘 들으세요.		
해 보세요.		
다시 해 보세요.		
나오세요.		
들어가세요.		

L Korean Typing

1. Korean Input System: To type Korean in your computers, you need to install Korean input system according to the operating system.

   (1) Windows 10
      − Click on the magnifying glass icon on the left side of the task bar.
      − Type "add a language to the device" into the search box.
      − Add the Korean pack.

   (2) MacOS
      − Click the apple icon at the top-left corner of the screen.
      − System Preferences, click Keyboard, then click Input Sources.
      − Click the Add button, select Korean.
      − Check the box next to "2-Set Korean."

2. How to locate Korean keys on your keyboard:

   (1) Keyboard Map

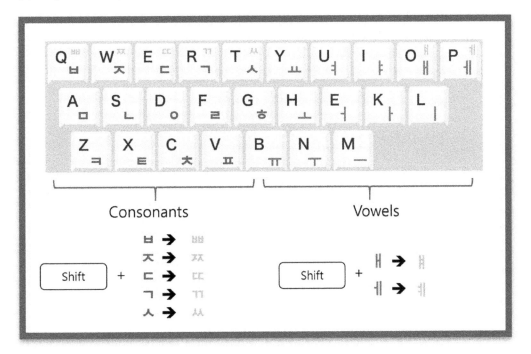

(2) Using On-Screen Keyboards (built in Windows or MacOS)

- ° Windows
  - Magnifying glass → Type "On-Screen Keyboard"
- ° MacOS
  - System Preference → Keyboard, check the box "Show keyboard and emoji viewers in menu bar" → Language Icon in the menu bar, show keyboard viewer

(3) You may purchase and attach Korean keyboard stickers to your keyboard.

3. Typing Practice

(1) Typing Order: For the 2-set Korean Keyboard, consonant letters are on the left side while vowel letters are located on the right side of the keyboard. Type each syllable in C-V or C-V-C order.

(2) Type the following words in Korean.

개 _____

나무 _____

돼지 _____

한국어 _____

안녕하세요. _____

4. Resource

(1) Korean typing practice on the New Generation Korean homepage

(2) 무료 한글 타자 연습 사이트 (Website for Korean typing practice)

https://tadaktadak.co.kr/taja/jari.html?type=0 타닥타닥

2

안녕하세요?

대화 1

- ‣ 단어 및 표현 1
- ‣ 문법 1 N1은/는 N2이에요/예요: N1=N2
- ‣ 문법 2 Yes/No question
- ‣ 더 나아가기 1

대화 2

- ‣ 단어 및 표현 2
- ‣ 문법 3 N1은/는 N2이/가 아니에요: N1≠N2
- ‣ 문법 4 −도 vs. −은/는: Markers for comparison
- ‣ 더 나아가기 2

대화 1

단어 및 표현 1

A Match the country name on the left with its representative dish on the right.

1. 멕시코 •

2. 한국 •

3. 이탈리아 •

4. 일본 •

5. 베트남 •

B Choose the right word for each job description.

학생	요리사	의사	선생님

1. a person who teaches at a school _____

2. a person who treats patients _____

3. a person who studies at a school _____

4. a person who cooks professionally _____

C **Match each picture with the correct word in Korean.**

1. mother • • 고등학생

2. father • • 대학생

3. high school student • • 어머니

4. college student • • 아버지

D **Choose the word that fits correctly in all of the sentences.**

1.
A: _____ 스티브입니다.
_____ 고등학생입니다.
B: _____ 마리아입니다.
_____ 대학생입니다.

① 저는   ② 나
③ 아버지는   ④ 어머니는

2.
A: 저는 호주 _____ 입니다.
B: 저는 멕시코 _____ 입니다.
C: 저는 독일 _____ 입니다.

① 나라   ② 사람
③ 이름   ④ 1학년

E **Choose the most appropriate expression for the blank.**

A: 저는 마리아입니다. _____
B: 저는 모하메드입니다. 반갑습니다.

① 1학년이에요?   ② 이름이 뭐예요?   ③ 고등학생이에요?   ④ 대학생이에요?

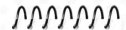
 **1 N1은/는 N2이에요/예요: N1=N2**

F **Put the words from the box under the correct topic marker.**

민호 씨	마리아	우리 형	나
다니엘	저스틴	아버지	어머니

-은   -는

민호 씨

G **Match each sentence on the left with the correct topic marker.**

1. 저_____ 필리핀 사람이에요.   •

2. 비비안_____ 대학생이에요.   •   • -은

3. 수지_____ 고등학생이에요.   •

4. 우리 동생_____ 중학생이에요.   •

5. 우리 선생님_____ 한국 사람이에요. •   • -는

6. 저스틴 씨_____ 캐나다 사람이에요. •

H **Choose the sentence with an incorrect topic marker.**

1. A: Where is she from?   2. A: Who is he?

   B: _____ .   B: _____ .

   ① 소피아는 프랑스 사람이에요.   ① 마이클는 우리 형이에요.

   ② 수잔은 브라질 사람이에요.   ② 민호는 우리 동생이에요.

   ③ 애나는 독일 사람이에요.   ③ 줄리안은 중학생이에요.

   ④ 제인는 인도 사람이에요.   ④ 진수 씨는 대학생이에요.

I Put the words from the box under the correct form.

누나 older sister for male

회사원 company employee

간호사 nurse

가수 singer

| 호주 | 독일 | 프랑스 | 브라질 |
| 학생 | 의사 | 요리사 | 선생님 |

-예요   -이에요

J Choose the correct form.

1. 저는 영국 사람(이에요 / 예요).

2. 저는 1학년(이에요 / 예요).

3. 누나는 제시카(이에요 / 예요).

4. 제시카는 대학생(이에요 / 예요).

5. 아버지는 회사원(이에요 / 예요).

6. 어머니는 간호사(이에요 / 예요).

K Choose the sentence with an incorrect form.

1. A: What's your name?

B: _____ .

① 저는 제니퍼예요.
② 저는 김지영이에요.
③ 저는 모하메드이에요.
④ 저는 토니예요.

2. A: What does your mother do?

B: _____ .

① 우리 어머니는 의사예요.
② 우리 어머니는 가수이에요.
③ 우리 어머니는 요리사예요.
④ 우리 어머니는 회사원이에요.

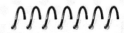
할머니 grandmother

문법 2 Yes/No question

L Match with the correct answer.

1. A: 수잔 씨는 필리핀 사람이에요?

    B: _____, 저는 태국 사람이에요.

2. A: 테일러 씨는 가수예요?

    B: _____, 저는 가수예요.

3. A: 수민 씨는 한국 사람이에요?

    B: _____, 수민 씨는 한국 사람이에요.

4. A: 저스틴 씨, 형은 의사예요?

    B: _____, 우리 형은 회사원이에요.

5. A: 토니는 대학생이에요?

    B: _____, 토니는 고등학생이에요.

6. A: 저스틴은 1학년이에요?

    B: _____, 저는 1학년이에요.

• 네

• 아니요

M Choose the most appropriate expressions for the blanks.

ⓐ 예, 캐나다 사람이에요. ⓑ 아니요, 일본 사람이에요.

ⓒ 아니요, 대학생이에요. ⓓ 예, 의사예요.

1. A: 유리 씨는 러시아 사람이에요?

    B: _____.

2. A: 소피아는 고등학생이에요?

    B: _____.

3. A: 아버지는 의사예요?

    B: _____.

4. A: 할머니는 캐나다 사람이에요?

    B: _____.

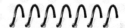

N **Choose the correct answer about each character.**

김지영
(Jiyeong Kim)
Korean teacher, Korean

저스틴 아담스
(Justin Adams)
1st year in university, Canadian

비비안 첸
(Vivian Chen)
2nd year in university, Chinese

제니퍼 김
(Jennifer Kim)
2nd year in university,
Korean-American

모하메드 나세리
(Mohammed Naseri)
3rd year in university, Iranian

이민호
(Minho Lee)
3rd year in university, Korean

마리아 산토스
(Maria Santos)
Grade 11, Filipino

토니 로빈스
(Tony Robbins)
Grade 12, Australian

---

① 네, 캐나다 사람이에요.　　　　② 아니요, 이란 사람이에요.

③ 예, 선생님이에요.　　　　　　　④ 네, 한국 사람이에요.

⑤ 아니요, 고등학생이에요.　　　　⑥ 아니요, 중국 사람이에요.

⑦ 예, 남자예요.　　　　　　　　　⑧ 예, 대학생이에요.

---

1. A: 김지영 씨는 선생님이에요?

   B: _____.

2. A: 마리아는 대학생이에요?

   B: _____.

3. A: 모하메드는 캐나다 사람이에요?

   B: _____.

4. A: 제니퍼는 대학생이에요?

   B: _____.

5. A: 민호는 한국 사람이에요?

   B: _____.

6. A: 비비안은 일본 사람이에요?

   B: _____.

7. A: 저스틴은 캐나다 사람이에요?

   B: _____.

8. A: 토니는 남자예요?

   B: _____.

더 나아가기 1

◐ Listen to the narration and connect each person with his/her job.

1. 제임스　·

2. 켈리　·

3. 마크　·

4. 스티브　·

P Read the text and choose True or False.

안녕하세요. 저는 제니퍼예요. 저는 캐나다 사람이에요. 저는 대학생이에요. 우리 아버지는 한국 사람이에요. 우리 어머니는 캐나다 사람이에요. 선생님이에요. 우리 여동생은 중학생이에요.

1. 제니퍼는 캐나다 사람이에요. （ T / F ）　　2. 아버지는 한국 사람이에요. （ T / F ）

3. 제니퍼는 고등학생이에요. 　（ T / F ）　　4. 어머니는 선생님이에요. 　（ T / F ）

5. 동생은 남자예요. 　　　　　　（ T / F ）

◑ Rearrange the words to make a complete sentence.

1. | 베트남 | 저는 | 예, | 사람이에요 |

_____ .

2. | 사람이에요 | 아키라 씨는 | 일본 | 아니요, |

_____ .

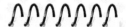

R **Choose the correct answer based on the business card.**

김 진 수

간호사

Address	600 Young St.
Phone	486-229-2362
E-mail	jskim@hkhospital.com

www.hankookhospital.com

한국병원

1. 이름이 뭐예요?

　① 저는 김진수예요.　　　　　② 저는 간호사이에요.

　③ 저는 학생이에요.　　　　　④ 저는 한국 사람이에요.

2. 김진수 씨는 선생님이에요?

　① 예, 선생님이에요.　　　　　② 예, 간호사예요.

　③ 아니요, 선생님이에요.　　　　④ 아니요, 간호사예요.

S **Make your own business card including name, affiliation, job, phone number, email, and address.**

단어 및 표현 2

A **Match the Korean word with the corresponding school grade.**

1. 일학년 •   • third year (student)

2. 이학년 •   • first year (student)

3. 삼학년 •   • fourth year (student)

4. 사학년 •   • second year (student)

B **Choose the official language in each country.**

한국어	영어	일본어	중국어
스페인어	독일어	러시아어	베트남어
불어/프랑스어	아랍어	힌디어	포르투갈어

1. Korea

_____

2. England

_____

3. France

_____

4. Germany

_____

5. Russia

_____

6. Japan

_____

7. Vietnam

_____

8. Spain

_____

9. China

_____

C **Choose the Korean expression for each sentence in English.**

> ⓐ 만나서 반갑습니다.　　　　ⓑ 이름이 뭐예요?
>
> ⓒ 안녕하세요.　　　　　　　ⓓ 저는 제니퍼예요.
>
> ⓔ 저는 김지영이에요.　　　　ⓕ 아니요, 저는 2학년이에요.
>
> ⓖ 저는 한국어 선생님이에요.　　ⓗ 제니퍼는 3학년이에요?

1. A: Hello.　　　　　　　　　　　_____

    I'm Jiyeong Kim.　　　　　　_____

    I'm a Korean teacher.　　　　_____

    What's your name?　　　　　_____

  B: I'm Jennifer.　　　　　　　　_____

    Nice to meet you.　　　　　　_____

  A: Are you a third year student?　_____

  B: No, I'm in my second year.　　_____

D **Fill in the blank with the nationality of each character.**

마리아 산토스
(Maria Santos)
Grade 11, Filipino

모하메드 나세리
(Mohammed Naseri)
3rd year in university, Iranian

비비안 첸
(Vivian Chen)
2nd year in university, Chinese

1. 마리아는 _____ 이에요.

2. 모하메드는 _____ 이에요.

3. 비비안은 _____ 이에요.

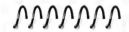

피자 pizza
음식 food
회사 company
오렌지 orange
채소 vegetable
지하철 subway
차 car

 3 N1은/는 N2이/가 아니에요: N1≠N2

E Choose the correct marker.

1. 제임스는 학생(이 / 가) 아니에요.

2. 마이클은 이란 사람(이 / 가) 아니에요.

3. 조단 씨는 간호사(이 / 가) 아니에요.

4. 스미스 씨는 선생님(이 / 가) 아니에요.

5. 민호는 1학년(이 / 가) 아니에요.

6. 피자는 한국 음식(이 / 가) 아니에요.

7. 토니는 대학생(이 / 가) 아니에요.

8. 아버지는 의사(이 / 가) 아니에요.

9. 할머니는 캐나다 사람(이 / 가) 아니에요.

10. 모하메드는 고등학생(이 / 가) 아니에요.

F Draw a line for the correct translation.

1. sister≠college student   •   • 삼성은 일본 회사가 아니에요.

2. Samsung≠Japanese company •   • 오렌지는 채소가 아니에요.

3. orange≠vegetable   •   • 누나는 대학생이 아니에요.

4. Gandhi≠American   •   • 지하철은 차가 아니에요.

5. subway≠car   •   • 간디는 미국 사람이 아니에요.

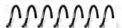

강아지 puppy
채소 vegetable

G Guess what A and B are talking about.

1. A: 음식이에요?
   B: 아니요, 음식이 아니에요.
   A: 사람이에요?
   B: 아니요, 사람이 아니에요.

   ①   ②  ③

2. A: 사람이에요?
   B: 아니요, 사람이 아니에요.
   A: 강아지예요?
   B: 아니요, 강아지가 아니에요.
   A: 채소예요?
   B: 아니요, 채소가 아니에요.

   ①  ②   ③  ④

3. A: 사람이에요?
   B: 예, 사람이에요.
   A: 학생이에요?
   B: 아니요, 학생이 아니에요.
   A: 여자예요?
   B: 네, 여자예요.
   A: 의사예요?
   B: 아니요, 의사가 아니에요.

   ①   ②  ③  ④

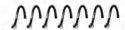

문법 4 −도 vs. −은/는: Markers for comparison

Ⅱ Choose the correct word.

1. A: 저는 미국 사람이에요.

   B: (저는 / 저도) 미국 사람이에요.

2. A: 모하메드는 이란 사람이에요.

   B: (저는 / 저도) 캐나다 사람이에요.

3. A: 저는 대학생이에요.

   B: (저는 / 저도) 고등학생이에요.

4. A: 제니퍼는 1학년이 아니에요.

   B: (모하메드는 / 모하메드도) 1학년이 아니에요.

5. A: 김지영 씨는 선생님이에요.

   B: (제인 씨는 / 제인 씨도) 회사원이에요.

6. A: 바나나는 채소가 아니에요.

   B: (오렌지는 / 오렌지도) 채소가 아니에요.

7. A: 누나는 여자예요.

   B: (엄마는 / 엄마도) 여자예요.

8. A: 마돈나는 가수예요.

   B: (저스틴 비버는 / 저스틴 비버도) 가수예요.

9. A: 민호는 한국 사람이에요.

   B: (지수는 / 지수도) 한국 사람이에요.

   C: (유키는 / 유키도) 일본 사람이에요.

10. A: 사과는 채소가 아니에요.

    B: (바나나는 / 바나나도) 채소가 아니에요.

    C: (토마토는 / 토마토도) 채소예요.

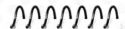

☐ 키위 kiwi
☐ 파인애플 pineapple
☐ 파 green onion
☐ 오이 cucumber

Ⅰ Look at the picture and choose the correct answer.

채소가 아니에요.

채소예요.

1. A: 키위는 채소가 아니에요.

   B: _____.

   ① 오렌지도 채소예요.　　　　② 파인애플은 채소예요.

   ③ 사과도 채소예요.　　　　　④ 토마토는 채소예요.

2. A: 감자는 채소예요.

   B: _____.

   ① 오렌지는 채소가 아니에요.　② 파도 채소가 아니에요.

   ③ 토마토는 채소예요.　　　　④ 오이도 채소가 아니에요.

Ｊ Translate the following sentences into Korean.

1. I am Chinese.   _____

2. Justin is the first-year student.   _____

3. Vivian is a college student, too.   _____

4. My father is a doctor.   _____

5. Tony is not American.   _____

6. Kiwi is not a vegetable.   _____

K **Listen to the narration and choose True or False.**

1. 린다는 미국 사람이에요.   (T / F)

2. 린다 아버지는 미국 사람이 아니에요.   (T / F)

3. 린다는 대학생이 아니에요.   (T / F)

4. 린다 동생은 중학생이 아니에요.   (T / F)

L **Listen to the narration and choose the correct answers.**

1. What does James do?

   ① 간호사   ② 요리사   ③ 회사원   ④ 선생님

2. What school year is James's young sibling in?

   ① 대학교 1학년   ② 대학교 2학년   ③ 대학교 3학년   ④ 대학교 4학년

3. Who is a student?

   ① 제임스   ② 제임스 동생   ③ 제임스 형   ④ 제임스 누나

M **Read the text and choose True or False.**

> 안녕하세요, 저는 토니예요. 저는 호주 사람이에요. 저는 고등학생이에요. 우리 동생은 에릭이에요. 에릭은 고등학생이 아니에요. 에릭은 중학생이에요.

1. 토니는 프랑스 사람이에요.   (T / F)

2. 토니는 고등학생이에요.   (T / F)

3. 에릭은 고등학생이 아니에요.   (T / F)

4. 에릭은 중학생이에요.   (T / F)

N **Choose the most appropriate expressions for the blanks.**

아니요, 학생이 아니에요.   아니요, 학생이에요.

아니요, 중학생이에요.

1. A: 동생은 학생이에요?

   B: _____

2. A: 형은 고등학생이에요?

   B: _____

3. A: 누나는 회사원이에요?

   B: _____

● **Complete the sentences based on the pictures.**

이민호
한국 사람
대학교 3학년

비비안
중국 사람
대학교 2학년

저스틴
캐나다 사람
대학교 1학년

1. 민호는 한국 사람이에요.

   비비안은 한국 사람이 아니에요.

   _____ 캐나다 사람이에요.

2. 저스틴은 대학생이에요.

   민호도 대학생이에요.

   _____ 대학생이에요.

다운타운에 살아요.

대화 1

- ▸ 단어 및 표현 1
- ▸ 문법 1 −어요/아요: Informal polite ending
- ▸ 문법 2 Vowel contractions in polite forms
- ▸ 문법 3 [place]에/에서: Location markers
- ▸ 더 나아가기 1

대화 2

- ▸ 단어 및 표현 2
- ▸ 문법 4 [place]에 있어요: Expressing location
- ▸ 문법 5 −이/가: Subject marker
- ▸ 더 나아가기 2

대화 1

단어 및 표현 1

A Choose the word that corresponds to each picture.

| 마트 | 고기 | 의자 | 우유 | 공원 | 도서관 |

1.

_____

2.

_____

3.

_____

4.

_____

5.

_____

6.

_____

B Choose the most appropriate places for the blanks.

| 집 | 식당 | 커피숍 | 백화점 | 마트 |

1. 선생님은 학교 _____에서 점심 먹어요.

2. 저는 _____에서 텔레비전 봐요.

3. 저스틴은 _____에서 장 봐요.

4. 비비안은 _____에서 커피 마셔요.

5. 마리아는 _____에서 쇼핑해요.

C Fill in the blanks with corresponding words.

가다	크다	공부하다	맛있다	먹다
To live	To be many/much		To write	To be bad

한국어	영어	한국어	영어
좋다	To be good		To study
	To be delicious	쓰다	
많다			To go
	To be big	살다	
나쁘다			To eat

D Choose the most appropriate words for the blanks.

1. A: 어디서 _____?

   B: 주로 중국 마트에 가요.

   ① 공부해요   ② 장 봐요   ③ 살아요   ④ 자요

2. 의자에 _____.

   ① 와요   ② 보내요   ③ 앉아요   ④ 커요

3. 음식이 _____.

   ① 맛있어요   ② 커요   ③ 배워요   ④ 마셔요

4. 누나가 미국에 _____.

   ① 써요   ② 먹어요   ③ 살아요   ④ 봐요

1 –어요/아요: Informal polite ending

E **Conjugate the words in the polite form.**

Dictionary Form	Stem	Last vowel in the stem	Polite ending (아요 or 어요)	Polite Form
살다	살	ㅏ	아요	살아요
먹다				
많다				
좋다				
앉다				
맛있다				

F **Choose the most appropriate words for the pictures.**

| 먹어요 | 읽어요 | 살아요 | 앉아요 | 좋아요 |

1.
_____

2.
_____

3.
_____

4.
_____

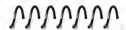

어때요? How is ~?
넓다 to be spacious
작다 to be small

G **Match each verb/adjective on the left with the correct polite form.**

1. 괜찮다　•

2. 재미있다　•　　　　　　　　　•　–아요

3. 읽다　•

4. 살다　•

5. 좁다　•　　　　　　　　　•　–어요

6. 넓다　•

H **Complete the sentences using the polite form.**

1. A: 뭐 해요?

   B: 점심 _____. (to eat)

2. A: 의자에 _____. (to sit)

   B: 감사합니다.

3. A: 학교 식당 음식이 어때요?

   B: _____. (to be delicious)

4. A: 리사가 어디에 _____? (to exist)

   B: 도서관에 _____. (to exist)

5. A: 기숙사가 _____? (to be spacious)

   B: 아니요, 아주 _____. (to be small)

6. A: 스티브는 뭐 해요?

   B: 한국어 _____. (to do homework)

Ⅰ Conjugate the words in the polite form.

Dictionary Form	Stem	Last vowel in the stem	Polite ending (아요 or 어요)	Polite Form
가다	가	ㅏ	아요	가요
오다				
주다				
배우다				
마시다				
지내다				
보내다				
크다				

Ⅱ Write the dictionary form of each polite form.

1. 숙제해요 _____

2. 공부해요 _____

3. 자요 _____

4. 봐요 _____

5. 보내요 _____

6. 나빠요 _____

7. 써요 _____

K Choose a related word for each picture.

> 노래해요　　자요　　마셔요　　배워요　　줘요

1.

_____

2.

_____

3.

_____

4.

_____

L Match each word with a related verb/adjective.

1. 우유　• 　　　•　장 봐요

2. 점심　• 　　　•　마셔요

3. 선물　• 　　　•　살아요

4. 이름　• 　　　•　줘요

5. 마트　• 　　　•　먹어요

6. 집　• 　　　•　써요

[Place]에/에서: Location markers

M Where is the person going?

예

library   도서관에 가요.

1.   supermarket   _____.

2.   downtown   _____.

N Where does the person study?

예

library   도서관에서 공부해요.

1.   school   _____.

2.   home   _____.

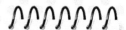

☐ 극장 theatre
☐ 영화 movie

① **Choose the correct location markers for the blanks.**

1. 저스틴은 도서관_____ 가요. ① 에 ② 에서

2. 민호는 도서관_____ 숙제해요. ① 에 ② 에서

3. 비비안은 한국 마트_____ 장 봐요. ① 에 ② 에서

4. 부모님은 서울 _____ 계세요. ① 에 ② 에서

5. 제니는 학교 식당_____ 점심 먹어요. ① 에 ② 에서

6. 저는 주로 집_____ 공부해요. ① 에 ② 에서

P **Create sentences by using the words in the correct order.**

1.
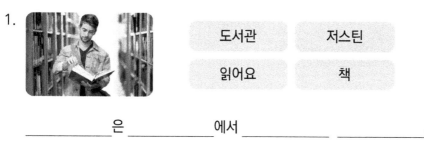

| 도서관 | 저스틴 |
| 읽어요 | 책 |

_____은 _____에서 _____ _____.

2.
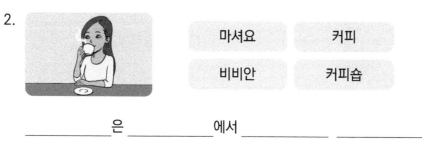

| 마셔요 | 커피 |
| 비비안 | 커피숍 |

_____은 _____에서 _____ _____.

3.
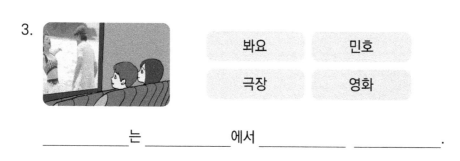

| 봐요 | 민호 |
| 극장 | 영화 |

_____는 _____에서 _____ _____.

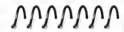

일하다 to work
역사 history

더 나아가기 1

Q Listen to the narration and answer the questions.

1. Which statement is not correct?

① 남자는 집이 밴쿠버예요.　　② 아버지는 밴쿠버에 살아요.

③ 어머니는 선생님이에요.　　④ 동생은 여자예요.

2. Choose the correct word for each blank.

도서관	한국 역사	아버지	대학생	여동생

_____은/는 선생님이에요. 어머니는 _____에서 일해요. _____은/는 중학생이에요. 저는 _____이에요. 저는 _____ 공부해요.

R Read the text and answer the questions.

　제니퍼는 기숙사에서 살아요. 제니퍼는 오늘 한국어 수업에 가요. 한국어 수업에 친구가 많아요. 민호는 한국 사람이에요. 민호도 기숙사에 살아요. 저스틴은 캐나다 사람이에요. 저스틴도 기숙사에 살아요. 비비안은 중국 사람이에요. 비비안은 아파트에 살아요.

1. 제니퍼는 오늘 뭐 해요?

① 마트에서 장 봐요.　　② 기숙사에서 공부해요.

③ 한국어 수업에 가요.　　④ 아파트에 있어요.

2. Put each person under the place where he/she lives.

제니퍼	민호	비비안	저스틴

기숙사　　　　　　　　　　　　아파트

S **Listen to the narration and choose the place and the activity for each person.**

공부해요	자요	점심 먹어요	운동해요	책 읽어요
식당	기숙사	체육관	교실	도서관

	Place	Activity

1. 민호는 _____에서 _____.

2. 제니퍼는 _____에서 _____.

3. 모하메드는 _____에서 _____.

4. 토니는 _____에서 _____.

T **Answer the following questions.**

1. A: 어디서 점심 먹어요?

   B: _____.

2. A: 어디서 숙제해요?

   B: _____.

3. A: 어디서 자요?

   B: _____.

4. A: 어디서 운동해요?

   B: _____.

5. A: 어디서 장 봐요?

   B: _____.

단어 및 표현 2

A Choose the word that corresponds to each picture.

신발	가방	우체국	시계	책상	지하철

1.

2.

3.

4.

5.

6.

B Match each picture with the related word.

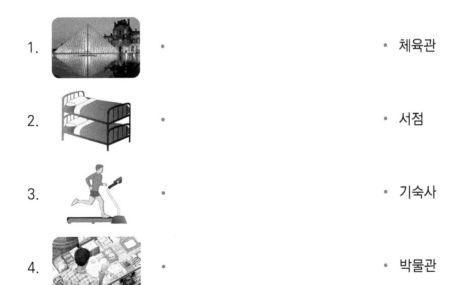

1. •   • 체육관

2. •   • 서점

3. •   • 기숙사

4. •   • 박물관

C Fill in the blanks with corresponding words.

재미있다	형	수업	실례합니다
To be small	supermarket	parents	station

한국어	영어	한국어	영어
삭다			older brother for male
역		슈퍼	
부모님			To be fun
	lesson		Excuse me

D Choose the most appropriate expressions for the blanks.

1. A: 대학교가 커요?

   B: 아니요, _____.

   ① 많아요　　　　② 작아요　　　　③ 커요　　　　④ 맛있어요

2. A: 기숙사에 살아요?

   B: 아니요, 저는 _____에 살아요.

   ① 슈퍼　　　　② 우체국　　　　③ 아파트　　　　④ 학생회관

3. A: _____. 식당이 어디 있어요?

   B: 도서관 옆에 있어요.

   ① 실례합니다　　　② 감사합니다　　　③ 미안합니다　　　④ 잘 들으세요

4. A: _____이/가 어디 있어요?

   B: 책상 위에 있어요.

   ① 수업　　　　② 서점　　　　③ 시계　　　　④ 부모님

문법 4 Place에 있어요: Expressing location

E **Choose a position-noun to describe the position of the clock.**

> 앞   뒤   위   밑   옆   안   밖

1.   시계는 책상 _____에 있어요.

2.   시계는 책상 _____에 있어요.

3.   시계는 책상 _____에 있어요.

4.   시계는 책상 _____에 있어요.

5.   시계는 책상 _____에 있어요.

F **Write appropriate words in the blanks to describe the picture.**

1.   신발은 _____ _____에 있어요.

2.   유미는 _____ _____에 있어요.

3.   시계는 _____ _____에 있어요.

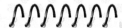

호수 lake

G **Answer the questions according to this neighborhood map.**

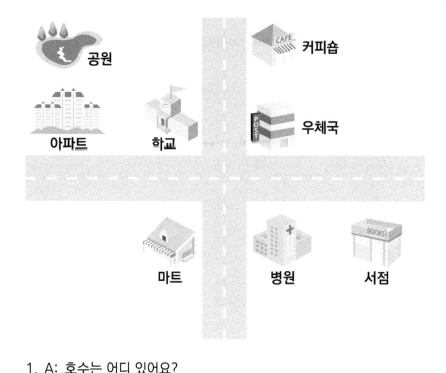

1. A: 호수는 어디 있어요?

   B: _____.

2. A: 학교는 어디 있어요?

   B: _____.

3. A: 공원은 어디 있어요?

   B: _____.

4. A: 우체국은 어디 있어요?

   B: _____.

5. A: 병원은 어디 있어요?

   B: _____.

6. A: 마트는 어디 있어요?

   B: _____.

Ⅱ **Choose the correct subject markers for the blanks.**

1. 한국 마트_____ 작아요.　　　① 이　　② 가

2. 음식_____ 맛있어요.　　　① 이　　② 가

3. 어머니_____ 밴쿠버에 계세요.　　① 이　　② 가

4. 선생님_____ 재미있어요.　　　① 이　　② 가

5. 도서관_____ 커요.　　　① 이　　② 가

6. 책_____ 많아요.　　　① 이　　② 가

7. 시계_____ 책상 위에 있어요.　　① 이　　② 가

Ⅰ **Complete the sentences as shown in the example.**

> 예
> A: <u>도서관이 어디에 있어요</u>?
> B: 도서관은 기숙사 옆에 있어요.
> A: <u>기숙사는 어디에 있어요</u>?
> B: 기숙사는 학생회관 뒤에 있어요.

1. (A and B are looking at a world map.)

    A: _____?

    B: 캐나다는 미국 위에 있어요.

    A: _____?

    B: 한국은 중국 옆에 있어요.

2. (A is looking at B's family photo.)

    A: _____?

    B: 아버지는 어머니 옆에 계세요.

    A: _____?

    B: 어머니는 형 옆에 계세요.

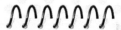

J **Choose the most appropriate markers.**

1. 민　호: 이름(이 / 가) 뭐예요?

   저스틴: 저스틴이에요.

   민　호: 저스틴 씨(은 / 는 / 이 / 가) 한국 사람이에요?

   저스틴: 아니요, 저는 캐나다 사람이에요.

   민　호: 저(는 / 는 / 이 / 가) 한국 사람이에요.

2. A: 실례합니다. 커피숍(이 / 가) 어디 있어요?

   B: 도서관 안에 있어요.

   A: 도서관(은 / 는 / 이 / 가) 어디 있어요?

   B: 도서관(은 / 는 / 이 / 가) 기숙사 옆에 있어요.

3. A: 저는 일학년이에요. 제니퍼 씨도 1학년이에요?

   B: 아니요. 저(은 / 는 / 이 / 가) 1학년이 아니에요. 2학년이에요.

   A: 동생(은 / 는 / 이 / 가) 고등학생이에요?

   B: 네, 11학년이에요.

K **Complete the sentences using the most appropriate markers.**

-은	-는	-이	-가	-도	-에	-에서

　　비비안은 대학생이에요. 비비안＿＿＿＿＿ 중국 사람이에요. 집＿＿＿＿＿ 홍콩이에요. 부모님은 홍콩＿＿＿＿＿ 계세요. 비비안 오빠＿＿＿＿＿ 홍콩에 있어요. 비비안은 기숙사＿＿＿＿＿ 살아요. 비비안은 친구＿＿＿＿＿ 많아요. 비비안은 주로 도서관＿＿＿＿＿ 공부해요. 도서관은 기숙사 앞＿＿＿＿＿ 있어요.

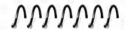

방 room
침대 bed

L **Listen to the conversation and answer the questions.**

1. 남자는 지금 어디에 가요?

   ① 우체국　　　　② 기숙사　　　　③ 식당　　　　④ 학생회관

2. There are _____ school cafeterias on campus.

   ① no　　　　② one　　　　③ two　　　　④ three

3. There is the student union building _____ the library.

   ① in front of　　　② behind　　　③ next to　　　④ below

M **Draw a picture of the dormitory room according to the narration.**

N Read the text and answer the questions.

스티브는 고등학생이에요. 미국 사람이에요. 스티브는 학교에서 한국어 공부해요. 한국어 교실은 작아요. 에이미, 리키, 줄리아는 한국어 수업 친구예요. 에이미는 스티브 앞에 있어요. 리키는 에이미 옆에 있어요. 줄리아는 스티브 옆에 있어요. 리키 뒤에 줄리아가 있어요. 한국어 수업이 재미있어요.

1. Which statement is correct?

① Steve is a college student.　　② Steve is a Canadian.

③ The Korean classroom is big.　　④ Steve enjoys learning Korean.

2. Fill in the blanks with the right names.

에이미

리키

줄리아

◑ Translate the following sentences into Korean.

1. Where do you live?　　_____

2. I live in the dormitory.　　_____

3. I usually study in the library.　　_____

4. The book is inside the bag.　　_____

5. The coffee tastes good.　　_____

6. Where is the bookstore?　　_____

비빔밥 먹으러 가요.

대화 1

- 단어 및 표현 1
- 문법 1 −고 싶다: Expressing desire
- 문법 2 −(으)러 가다/오다: Go/come in order to (do something)
- 문법 3 −지요?: Seeking agreement
- 더 나아가기 1

대화 2

- 단어 및 표현 2
- 문법 4 안/못: Negation
- 문법 5 −을/를: Object markers
- 문법 6 −(으)세요: Polite request/command
- 더 나아가기 2

단어 및 표현 1

A Choose the word that corresponds to each picture.

| 돈   테니스   친구   옷   물   수영장 |

1. _____

2. _____

3. _____

4. _____

5. _____

6. _____

B Complete the sentences with the most appropriate expressions.

| 근처   많이   고등학교   온라인 후기   케이팝 |

1. 이탈리아 음식 먹고 싶어요. 이 _____에 이탈리아 식당이 있어요?

2. 저는 _____ 좋아해요. 그래서 콘서트에 가요.

3. 서울에 사람이 _____ 살아요.

4. 서울식당에 가요. _____가 아주 좋아요.

5. 저는 대학교에 다녀요. 동생은 _____에 다녀요.

C Fill in the blanks with corresponding words.

다니다	빌리다	치다	많다	어렵다
To be hot	To hang out	To be fast	To be hungry	

한국어	영어	한국어	영어
습나	To be cold		To borrow
	To be difficult	놀다	
맵다			To play
빠르다		배고프다	
	To attend		To be many/much

D Choose the most appropriate words for the blanks.

1. A: 맛나식당이 _____?

   B: 음식이 맛있어요.

   ① 커요　　　　　② 어때요　　　　　③ 작아요　　　　　④ 조용해요

2. 서울식당이 맛있어요. _____도 좋아요.

   ① 저녁　　　　　② 주말　　　　　③ 날씨　　　　　④ 온라인 후기

3. _____에 중국 식당이 많이 있어요.

   ① 토론토　　　　　② 메뉴　　　　　③ 근처　　　　　④ 방학

4. A: _____?

   B: 네, 식당에 가요.

   ① 어때요　　　　　② 맵지요　　　　　③ 배고프지요　　　　　④ 재미있지요

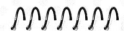

몸 body
게임하다 to play a game

 1 −고 싶다: Expressing desire

E **Match each phrase on the left with the correct ending on the right.**

1. 콘서트에서 · · 한국어 배우고 싶어요.

2. 대학교에서 · · 비빔밥 먹고 싶어요.

3. 한국 식당에서 · · 커피 마시고 싶어요.

4. 커피숍에서 · · 수영하고 싶어요.

5. 도서관에서 · · 케이팝 듣고 싶어요.

6. 수영장에서 · · 책 빌리고 싶어요.

F **Complete the table using −고 싶어요.**

Verbs	−고 싶어요	Verbs	−고 싶어요
먹어요		공부해요	
읽어요		배워요	
들어요		만들어요	
써요		살아요	
걸어요		놀아요	

G **Choose the most appropriate expressions for the blanks.**

1. _____. 밥 먹고 싶어요.

① 배고파요 ② 학교에 가요 ③ 기분이 좋아요 ④ 몸이 아파요

2. 주말에 친구 _____.

① 빌리고 싶어요 ② 만나고 싶어요 ③ 치고 싶어요 ④ 사고 싶어요

3. 극장에서 _____.

① 영화 보고 싶어요 ② 책 읽고 싶어요 ③ 산책하고 싶어요 ④ 게임하고 싶어요

H **Complete the conversations with the most appropriate words using −고 싶어요.**

운동하다	가르치다	먹다	듣다	여행하다

1. A: 공원에서 뭐 하고 싶어요?

   B: _____ _____.

2. A: 방학 때 뭐 하고 싶어요?

   B: 한국에서 _____ _____.

3. A: 뭐 먹고 싶어요?

   B: 중국 음식 _____ _____.

4. A: 왜 한국어 공부해요?

   B: 케이팝 _____ _____.

I **Complete the conversations with the cue words as in the example.**

> 예 A: 집에서 뭐 하고 싶어요? (먹다)
>
> B: 한국 음식 먹고 싶어요.

1. A: 주말에 뭐 하고 싶어요?

   B: 수영장에서 _____ _____. (수영하다)

2. A: 유나 씨, 내일 뭐 하고 싶어요?

   B: 친구 _____ _____. (만나다)

3. A: 백화점에서 뭐 사고 싶어요?

   B: 내일 친구 생일이에요. 선물 _____ _____. (사다)

4. A: 요즘 테니스 쳐요. 재미있어요.

   B: 저도 _____ _____. (배우다)

J **미나 plans to go to New York City during school vacation. Based on the information, describe what you think she wants to do, using −고 싶어 해요 as in the example.**

> 예 미나는 뉴욕에서 타임 스퀘어에 가고 싶어 해요. (가다)

1. 미나는 _____. (사진 찍다)

2. 미나는 _____. (쇼핑하다)

3. 미나는 피자 _____. (먹다)

문법 2 –(으)러 가다/오다: Go/come in order to (do something)

K Match each phrase on the left with the correct ending on the right.

1. 숙제하다 •

2. 사진 찍다 • • –으러 가요.

3. 김밥 만들다 •

4. 점심 먹다 •

5. 케이팝 듣다 • • –러 가요.

6. 책 빌리다 •

L Complete the table using –(으)러 가요.

Verbs	–(으)러 가요	Verbs	–(으)러 가요
보다		공부하다	
읽다		배우다	
듣다		만들다	
쓰다		살다	
걷다		놀다	

M Choose the most appropriate words for the blanks.

1. _____ 책 사러 가요.

  ① 도서관에 ② 서점에 ③ 교실에 ④ 집에

2. _____ 영화 보러 가요.

  ① 공원에 ② 도서관에 ③ 극장에 ④ 수영장에

3. _____ 수영하러 가요.

  ① 수영장에 ② 도서관에 ③ 영화관에 ④ 서점에

4. _____ 점심 먹으러 가요.

  ① 서점에 ② 도서관에 ③ 교실에 ④ 식당에

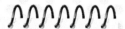

테니스장 tennis court
쇼핑하다 to go shopping

N **Complete the conversations with the cue words as in the example.**

예

A: 수영장에 뭐 하러 가요? (수영하다)

B: 수영하러 가요.

1. A: _____에 뭐 하러 가요? (책 빌리다)

B: _____.

2. A: 테니스장에 뭐 하러 가요? (테니스 치다)

B: _____.

3. A: _____에 뭐 하러 가요? (영화 보다)

B: _____.

4. A: _____에 뭐 하러 가요? (커피 마시다)

B: _____.

◑ Choose the most appropriate expression for the blanks.

1. A: _____?

B: 친구 만나러 가요.

① 주말에 도서관에 가요　　　　② 친구가 한국 사람이에요

③ 친구가 토론토에 살아요　　　　④ 학교에 뭐 하러 가요

2. A: 기숙사에 뭐 하러 가요?

B: _____.

① 책 빌리러 가요　　　　② 자러 가요

③ 책 사러 가요　　　　④ 쇼핑하러 가요

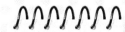

비싸다 to be expensive

 3 **−지요?: Seeking agreement**

Complete the table using −지요.

Verbs	−지요	Verbs	−지요
봐요		공부해요	
읽어요		배워요	
들어요		만들어요	
써요		살아요	
걸어요		놀아요	
이다		있다	
바쁘다		작다	

Fill in the blanks with the appropriate words using −지요.

1. A: 떡볶이가 많이 _____?

   B: 네. 조금 매워요.

2. A: 러시아가 _____?

   B: 네. 추워요.

3. A: 비빔밥이 _____?

   B: 네, 아주 맛있어요.

4. A: 중국어 _____?

   B: 아니요, 일본어 배워요.

5. A: 학교에 한국 학생이 _____?

   B: 네, 아주 많아요.

6. A: 신발이 _____?

   B: 네, 아주 비싸요.

7. A: 가방이 _____?

   B: 네, 아주 커요.

R Fill in the blanks with the most appropriate expressions using −지요.

> 예
> A: 제니퍼가 <u>선생님이지요</u>?
> B: 아니요, 선생님이 아니에요. 학생이에요.

1. A: 비비안이 _____?

   B: 네, 2학년이에요.

2. A: 김지영 선생님이 _____?

   B: 아니요, 일본어 선생님이 아니에요. 한국어 선생님이에요.

3. A: 민호가 _____?

   B: 아니요, 중국 사람이 아니에요. 한국 사람이에요.

4. A: 토니가 _____?

   B: 네, 고등학생이에요.

5. A: 저스틴이 _____?

   B: 아니요, 미국 사람이 아니에요. 캐나다 사람이에요.

S Fill in the blanks with the most appropriate expressions using −지요.

> 예
> A: 한국에 <u>놀러 가지요</u>? (놀러 가다)
> B: 아니요, 한국어 배우러 가요.

1. A: 케이팝 _____? (듣다)

   B: 네. 들어요.

2. A: 커피 _____? (마시다)

   B: 네. 마셔요.

3. A: 차이나타운에 _____? (가다)

   B: 아니요, 한인 타운에 가요.

4. A: 도서관에서 책 _____? (읽다)

   B: 네, 책 읽어요.

5. A: 잘 _____? (지내다)

   B: 네, 잘 지내요.

T **Listen to the conversation and choose the correct statement.**

① 남자하고 여자는 같이 점심 먹으러 가요.

② 남자하고 여자는 중국 음식 먹으러 가요.

③ 남자하고 여자는 같이 아침 먹으러 가요.

④ 남자하고 여자는 한국 음식 먹으러 가요.

U **Listen to the conversation and choose the correct statement.**

① 여자는 몬트리올에 가고 싶어 해요.

② 남자는 한국어 공부하고 싶어 해요.

③ 남자는 말레이시아에서 친구 만나고 싶어 해요.

④ 여자는 친구 만나러 한국에 가고 싶어 해요.

V **Make a conversation as in the example using −(으)러 가고 싶어요.**

> 예
> A: 주말에 뭐 하고 싶어요?
> B: 극장에 영화 보러 가고 싶어요.

1. A: 오늘 저녁에 뭐 하고 싶어요?

   B: _____.

2. A: 주말에 뭐 하고 싶어요?

   B: _____.

3. A: 방학 때 뭐 하고 싶어요?

   B: _____.

W **Read the text and choose True or False.**

> 저는 방학 때 한국에 여행 가고 싶어요. 한국에서 쇼핑하고 싶어요. BTS 콘서트에도 가고 싶어요. 사진도 많이 찍고 싶어요. 그리고 한국 음식 많이 먹고 싶어요. 떡볶이하고 김밥 먹고 싶어요.

1. 저는 여름 방학 때 여행 가고 싶어요.   (T / F)

2. 저는 한국에서 친구 만나고 싶어요.   (T / F)

3. 저는 한국 음식 많이 먹고 싶어요.   (T / F)

4. 저는 떡볶이하고 라면 먹고 싶어요.   (T / F)

X **Answer the following questions.**

1. 방학 때 어디에 가고 싶어요? 뭐 하고 싶어요?

_____

2. 한국 식당에서 뭐 먹고 싶어요?

_____

Y **Translate the following sentences into Korean.**

1. I want to drink water.

_____

2. Mohammed wants to learn Taekwondo.

_____

3. I go to the restaurant to eat lunch.

_____

4. Maria wants to go to the theatre to watch a movie.

_____

대화 2 ●

단어 및 표현 2

A Choose the word that corresponds to each picture.

| 햄버거 | 파티 | 컴퓨터 | 라디오 | 병원 | 우산 |

1. _____

2. _____

3. _____

4. _____

5. _____

6. _____

B Complete the sentences with the most appropriate expressions.

| 기분 | 남동생 | 이쪽으로 오세요 | 채식주의자 | 뭐 드릴까요? |

1. 어서 오세요. _____.

2. 저는 여동생이 없어요. _____ 만 있어요.

3. 오늘 _____ 어때요?

4. 저는 _____ 예요. 그래서 고기를 안 먹어요.

5. A: _____ ?

    B: 김밥 주세요.

C Fill in the blanks with corresponding words.

알다	주다	드리다	주문하다	아프다
Not to know		To put up		To rain

한국어	영어	한국어	영어
	To be sick		To give
	To know	비가 오다	
모르다			To give (humble form)
(우산) 쓰다			To order

D Choose the most appropriate words for the blanks.

1. A: _____?

   B: 김밥 하나 주세요.

   ① 뭐가 맛있어요　　② 뭐 드릴까요　　③ 김밥 있어요　　④ 김밥이 매워요

2. A: _____이/가 안 좋아요.

   B: 그럼, 친구를 만나세요.

   ① 음식　　② 학교　　③ 날씨　　④ 기분

3. A: 다리가 아파요.

   B: 이 근처에 _____ 있어요.

   ① 식당　　② 학교　　③ 병원　　④ 집

4. A: _____이/가 매워요?

   B: 네, 매워요.

   ① 김밥　　② 김치찌개　　③ 된장찌개　　④ 불고기

문법 4 안/못: Negation

E **Choose the most appropriate expressions for the blanks.**

1. 오늘은 너무 추워요. 그래서 호수에서 _____.

   ① 한국어 책 못 사요   ② 수영 못 해요

   ③ 한국어 못 해요   ④ 책 안 빌려요

2. 내일 한국어 시험이 있어요. 그래서 _____.

   ① 극장에 못 가요   ② 한국 음식 안 먹어요

   ③ 공부 안 해요   ④ 안 바빠요

3. _____. 그래서 고기를 안 먹어요.

   ① 채식주의자예요   ② 기분이 좋아요

   ③ 고기가 좋아요   ④ 캐나다 사람이에요

4. _____. 그래서 공부 못 해요.

   ① 시간이 많아요   ② 바빠요

   ③ 선생님이 좋아요   ④ 친구가 없어요

F **Match the cause to the effect.**

1. 돈이 없어요.   •   • 한국어 책을 못 읽어요.

2. 비가 많이 와요.   •   • 학교에 못 가요.

3. 다니엘은 아파요.   •   • 옷을 못 사요.

4. 한국어를 몰라요.   •   • 테니스를 못 쳐요.

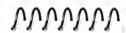
선물 present

G **Answer the questions using negation.**

> 예
> A: 오늘 집에서 한국 영화를 봐요?
>
> B: 아니요, 한국 영화를 안 봐요. 중국 영화를 봐요.

1. A: 한국 음식을 자주 먹어요?

   B: 아니요, 한국 음식을 _____ _____. 일본 음식을 먹어요.

2. A: 유나 씨, 오후에 한국어 수업이 있어요?

   B: 아니요, 한국어 수업이 _____ _____.

3. A: 친구 선물을 사요?

   B: 아니요, 친구 선물을 _____ _____. 어머니 선물을 사요.

4. A: 방학 때 태권도를 배워요?

   B: 아니요, 태권도를 _____ _____. 수영을 배워요.

5. A: 오늘 저녁에 한국어 숙제해요?

   B: 아니요, 한국어 숙제 _____ _____. 친구를 만나요.

H **Answer the questions using negation.**

1. A: 비비안 씨, 일학년이에요?

   B: 아니요, 일학년이 _____. 이학년이에요.

2. A: 제임스를 알아요?

   B: 아니요, 제임스를 _____.

3. A: 토니는 지금 집에 있어요?

   B: 아니요, 집에 _____.

4. A: 수업이 재미있어요?

   B: 아니요, 수업이 _____.

문법 5 −을/를: Object markers

I Match each phrase on the left with the correct object marker.

1. 친구 •
2. 갈비 •   • −을
3. 가방 •
4. 컴퓨터 •
5. 시험 •   • −를
6. 소설책 •

J Choose the most appropriate words for the blanks.

1. 서점에 _____ 사러 가요.

   ① 책를   ② 책을   ③ 책가   ④ 책이

2. 공원에 _____ 하러 가요.

   ① 운동을   ② 운동를   ③ 운동이   ④ 운동에

3. 수영장에 _____ 하러 가요.

   ① 수영을   ② 수영를   ③ 수영이   ④ 수영가

4. 식당에 _____ 먹으러 가요.

   ① 점심를   ② 저녁이   ③ 점심가   ④ 저녁을

K Complete the sentences as in the example.

예	집, 숙제, 하다 ➡ 집에서 숙제를 해요.

1. 도서관, 책, 빌리다   ➡ _____.

2. 식당, 음식, 주문하다 ➡ _____.

3. 학교, 선생님, 만나다 ➡ _____.

4. 커피숍, 커피, 마시다 ➡ _____.

5. 기숙사, 노래, 듣다   ➡ _____.

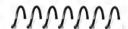

L Write the most appropriate word and choose the correct object marker.

| 케이팝 | 불고기 | 친구 | 우산 | 옷 | 시험 |

1. 내일 _____ (을 / 를) 봐요. 그래서 오늘 공부해요.

2. 비가 와요. 그래서 _____ (을 / 를) 써요.

3. _____ (을 / 를) 좋아해요. 그래서 한국어 수업을 들어요.

4. 주말에 다운타운에서 _____ (을 / 를) 만나요.

5. 김치찌개가 많이 매워요. 그래서 _____ (을 / 를) 먹어요.

6. 백화점에서 _____ (을 / 를) 사요.

M Rewrite the following passage using −을/를, as in the example.

모하메드는 friend 만나요. 모하메드는 (1) Korean food 좋아해요. 친구도 한국 음식을 좋아해요. 그래서 한국 식당에 가요. 친구는 (2) meat 좋아해요. 그래서 (3) bulgogi 주문해요. 모하메드는 채식주의자예요. 그래서 (4) bibimbap 주문해요. 한국 음식이 아주 맛있어요.

⬇

모하메드는 친구를 만나요. 모하메드는 (1) _____ 좋아해요. 친구도 한국 음식을 좋아해요. 그래서 한국 식당에 가요. 친구는 (2) _____ 좋아해요. 그래서 (3) _____ 주문해요. 모하메드는 채식주의자예요. 그래서 (4) _____ 주문해요. 한국 음식이 아주 맛있어요.

N **Complete the table using –(으)세요.**

Verbs	–(으)세요	Verbs	–(으)세요
보다		공부하다	
오다		배우다	
듣다		만들다	
쓰다		만나다	
걷다		일어나다	
찍다		사다	
앉다		놀다	

O **Complete the sentences with the most appropriate expressions. Use each expression only once.**

공부하세요	병원에 가세요	놀러 가세요	배우세요	들으세요

1. A: 내일 한국어 시험이 있어요.

   B: 그럼, _____.

2. A: 친구가 와요.

   B: 그럼, 몬트리올에 _____.

3. A: 기분이 안 좋아요.

   B: 그럼, 음악을 _____.

4. A: 케이팝을 좋아해요.

   B: 그럼, 한국어를 _____.

5. A: 머리가 아파요.

   B: 그럼, _____.

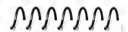

열심히 hard
연습하다 to practice
타다 to ride
다리 legs

P Match the phrases on the left with those on the right.

1. A: 프랑스어를 잘하고 싶어요. •   • B: 그럼, 집에 가세요.

2. A: 수영을 잘하고 싶어요. •   • B: 그럼, 프랑스어 수업을 들으세요.

3. A: 자고 싶어요. •   • B: 그럼, 열실히 연습하세요.

4. A: 태국 음식을 먹고 싶어요. •   • B: 그럼, 태국 식당에 가세요.

Q Answer the questions using −(으)세요.

1. A: 한국어 수업 시간이에요.

   B: 그럼, 수업 잘＿＿＿＿＿＿＿＿＿＿. (듣다)

2. A: 비가 와요.

   B: 그럼, 우산을＿＿＿＿＿＿＿＿＿＿. (쓰다)

3. A: 시간이 없어요.

   B: 그럼, 택시를＿＿＿＿＿＿＿＿＿＿. (타다)

4. A: 중국 음식을 먹고 싶어요.

   B: 그럼, 차이나타운에＿＿＿＿＿＿＿＿＿＿. (가다)

5. A: 한국어를 잘하고 싶어요.

   B: 그럼, 한국 친구를＿＿＿＿＿＿＿＿＿＿. (만나다)

6. A: 다리가 아파요.

   B: 그럼, 의자에＿＿＿＿＿＿＿＿＿＿. (앉다)

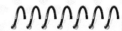
더 나아가기 2

R **Listen to the conversation and answer the questions.**

1. Where does this conversation take place?

   ① 공항   ② 식당   ③ 학교   ④ 극장

2. Choose the correct statement.

   ① 불고기는 매워요.

   ② 불고기는 맛없어요.

   ③ 여자는 불고기를 주문해요.

   ④ 남자는 불고기를 주문해요.

S **Listen to the conversation and answer the questions.**

1. Where does this conversation take place?

   ① 도서관   ② 식당   ③ 집   ④ 병원

2. Choose the correct statement.

   ① 여자는 머리가 아파요.

   ② 여자는 다리가 아파요.

   ③ 남자는 다리가 아파요.

   ④ 남자는 머리가 아파요.

3. What is the woman's occupation?

   ① 의사   ② 간호사   ③ 선생님   ④ 요리사

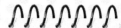

T **Read the following text and choose True or False.**

1. 민호는 방학 때 한국에 여행 가요.　　(T / F)

2. 저스틴은 방학 때 워싱턴에 여행 가요.　(T / F)

3. 저스틴은 한국 음식을 많이 먹어요.　　(T / F)

4. 민호는 중국에서 사진을 찍어요.　　　(T / F)

5. 민호하고 저스틴은 같이 여행 가요.　　(T / F)

U **Write your suggestions using −(으)세요.**

1. 한국어를 잘 하고 싶어요. 그럼, 어떻게 해요?

_____

_____

2. 기분이 안 좋아요. 그럼, 어떻게 해요?

_____

_____

3. 부모님이 보고 싶어요. 그럼, 어떻게 해요?

_____

_____

전화번호가 뭐예요?

대화 1

대화 2

대화 1

단어 및 표현 1

A Match the Korean word with the English word.

1. 월요일 •   • Friday

2. 화요일 •   • Wednesday

3. 수요일 •   • Tuesday

4. 목요일 •   • Saturday

5. 금요일 •   • Monday

6. 토요일 •   • Sunday

7. 일요일 •   • Thursday

B Choose the word that corresponds to each picture.

전화번호	문구점	크리스마스	주유소	모자	오전

1.

2.

3.

4.

5.

6.

C **Choose the most appropriate expressions for the blanks.**

1. A: _____

   B: 555-400-1234예요.

   ① 얼마예요?   ② 이름이 뭐예요?

   ③ 오늘이 며칠이에요?   ④ 전화번호가 뭐예요?

2. A: _____

   B: 3월 5일이에요.

   ① 얼마예요?   ② 이름이 뭐예요?

   ③ 오늘이 며칠이에요?   ④ 전화번호가 뭐예요?

3. A: 얼마예요?

   B: _____

   ① 50불이에요.   ② 1시 10분이에요.

   ③ 저는 학생이에요.   ④ newgenkorean@gmail.com이에요.

D **Choose the most appropriate words for the blanks.**

1. 저는 _____에 한국에 가요.

   ① 내일   ② 오늘   ③ 내년   ④ 작년

2. A: _____ 한국어 수업이 있어요?

   B: 수요일에 있어요.

   ① 누가   ② 언제   ③ 어디에서   ④ 왜

3. 제 _____은/는 7월 15일이에요.

   ① 전화번호   ② 생일   ③ 날짜   ④ 시계

E **Write the Sino-Korean number for each Arabic number.**

Arabic number	Sino-Korean number	Arabic number	Sino-Korean number
1	일	11	
2		15	십오
3		20	
4		80	
5		100	백
6	육	400	
7		752	
8		1000	
9		2345	
10		10000	

F **Choose the correct responses for the blanks.**

1.

A: 오늘은 며칠이에요?

B: _____

① 팔월 이십삼 일이에요.　② 화요일이에요.

③ 구월 이십삼 일이에요.　④ 가을이에요.

2.

A: 얼마예요?

B: _____

① 이십오 불이에요.　② 이백오십 불이에요.

③ 이천오백 불이에요.　④ 오백이십 불이에요.

G Choose the correct answers.

12	일	월	화	수	목	금	토
							1
	2	3	4	5	6	7	8
	9	10	11	12	13	14	15
	16	17	18	19	20	21	22
	23	24	25	26	27	28	29
	30	31					

1. Which date is not Monday?

   ① 십이월 삼 일   ② 십이월 십 일

   ③ 십이월 십팔 일   ④ 십이월 이십사 일

2. Which date is the third Friday of December?

   ① 십이월 칠 일   ② 십이월 십삼 일

   ③ 십이월 이십 일   ④ 십이월 이십일 일

3. How many days are there in December?

   ① 이십팔 일   ② 이십구 일

   ③ 삼십 일   ④ 삼십일 일

H Choose the correct answers.

1. A: 생일이 언제예요?

   B: 제 생일은 (육월 / 유월)이에요.

2. A: (십월 / 시월)은 여름이에요?

   B: 아니요, 가을이에요.

3. A: 한국어 교실은 어디에 있어요?

   B: 한국어 교실은 (삼 / 세) 층에 있어요.

4. A: 지금 추워요?

   B: 영하 (오 / 다섯) 도예요.

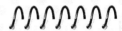

교회 church
밤 night
낮 daytime

 〈time〉에: Time marker

Match each activity with the day of the week.

MONDAY	한국어	병원	도서관
TUESDAY	수영	마트	숙제
WEDNESDAY	테니스	커피숍	콘서트
THURSDAY	서점	박물관	공원
FRIDAY	체육관	쇼핑	식당
SATURDAY	시험	우체국	영화

1. 토요일에 •   • 한국어를 공부해요. 그리고 병원에 가요.

2. 화요일에 •   • 체육관에서 운동해요. 그리고 쇼핑을 가요.

3. 목요일에 •   • 서점에 가요. 그리고 공원에 가요.

4. 월요일에 •   • 시험을 봐요. 그리고 우체국에 가요.

5. 수요일에 •   • 마트에서 장 봐요. 그리고 숙제를 해요.

6. 금요일에 •   • 커피숍에 가요. 그리고 콘서트에 가요.

Choose the correct answers.

1. (일요일에 / 일요일에서) 교회에 가요.

2. (밤애 / 밤에) 일찍 자요.

3. (낮에 / 낮이) (학교에 / 학교가) 가요.

4. (아침이 / 아침에) 주로 (집에 / 집에서) 있어요.

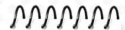

☐ 겨울 winter
☐ 결혼하다 to get married
☐ 올해 this year

K Complete the conversations with the most appropriate expressions.

| 아침에 | 내년에 | 5월에 | 겨울에 |

1. A: 언제 운동해요?

    B: 저는 _____ 운동해요.

2. A: 눈이 언제 많이 와요?

    B: _____ 많이 와요.

3. A: 누나는 몇 월에 결혼해요?

    B: _____ 결혼해요.

4. A: 올해 한국에 가요?

    B: 아니요, _____ 한국에 가요.

L Put the underlined words in the sentences into the correct category.

ⓐ 누나는 <u>아침에</u> <u>학교에</u> 가요.　　ⓑ 엄마는 <u>저녁에</u> <u>집에</u> 와요.
ⓒ 형은 <u>방학에</u> <u>유럽에</u> 가요.　　ⓓ 아빠는 <u>회사에</u> 있어요.
ⓔ 오늘 <u>오전에</u> 저스틴을 만나요.　　ⓕ 친구 <u>생일에</u> 파티를 해요.
ⓖ 할머니는 <u>내년에</u> <u>캐나다에</u> 가요.

[place]-에

학교에

[time]-에

아침에

더 나아가기 **1**

Ⅿ Listen to the conversation and answer the questions.

1. 여자 생일은 언제예요?

   ① 3월 8일 ② 3월 18일
   ③ 5월 19일 ④ 5월 20일

2. 남자 생일은 언제예요?

   ① 3월 8일 ② 3월 18일
   ③ 5월 19일 ④ 5월 20일

3. 오늘은 며칠이에요?

   ① 3월 8일 ② 3월 18일
   ③ 5월 19일 ④ 5월 20일

Ⅿ Listen to the conversation and answer the questions.

1. 여자는 금요일에 뭐 해요?

   ① 친구하고 영화 봐요. ② 친구하고 서점에 가요.
   ③ 집에 있어요. ④ 도서관에 가요.

2. 여자하고 남자는 언제 만나요?

   ① 목요일 ② 금요일
   ③ 토요일 ④ 일요일

3. 여자하고 남자는 몇 층에서 만나요?

   ① 1층 ② 2층
   ③ 3층 ④ 4층

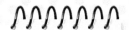

Read the text and answer the questions.

케이크 cake
농구공 basketball
에베레스트 산
Mt. Everest

> 오늘은 이월 십사 일 금요일이에요. 내일은 모하메드 생일이에요. 내일 저녁에 기숙사에서 생일 파티를 해요. 제니퍼하고 저스틴은 생일 케이크를 사요. 케이크는 이십오 불이에요. 비비안하고 다니엘은 오늘 백화점에 선물을 사러 가요. 선물은 농구공이에요. 농구공은 사십 불이에요. 농구공은 삼 층에서 팔아요.

1. 모하메드 생일 파티는 언제 해요?

   ① 오늘 저녁   ② 토요일 저녁
   ③ 금요일 저녁   ④ 일요일 저녁

2. 모하메드 생일은 언제예요?

   ① 2월 13일   ② 2월 14일
   ③ 2월 15일   ④ 2월 16일

3. 비비안하고 다니엘은 백화점에 언제 가요?

   ① 2월 13일   ② 2월 14일
   ③ 2월 15일   ④ 2월 16일

4. Choose the correct answer.

   ① 모하메드는 집에서 생일 파티를 해요.   ② 생일 케이크는 20불이에요.
   ③ 농구공은 45불이에요.   ④ 농구공은 백화점 3층에 있어요.

Write the Sino-Korean number for the Arabic number.

1.

2.

_____ 미터   _____ 년 _____ 월 _____ 일

대화 2

단어 및 표현 2

A Choose the word that corresponds to each picture.

교과서	점원	강아지	식구	사탕	커피
지우개	필통	차	경기장	티셔츠	바지

1.
_____

2.
_____

3.
_____

4.
_____

5.
_____

6.
_____

7.
_____

8.
_____

9.
_____

10.
_____

11.
_____

12.
_____

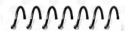

B **Choose the most appropriate expressions for the blanks.**

손님 customer
열다 ㄹ to open
가족 family

1. A: _____

   B: 저는 15살이에요.

   ① 얼마예요?　　　② 몇 살이에요?　　　③ 누구예요?　　　④ 몇 명이에요?

2. 점원: 죄송합니다. 3학년 교과서는 지금 없어요.

   손님: _____

   ① 미안해요.　　　② 지금 있어요?　　　③ 두 권 주세요.　　　④ 다시 올게요.

3. A: 여보세요? 박물관이지요?

   B: 네, 박물관이에요.

   A: 토요일은 몇 시에 열어요?

   B: 오전 9시 30분에 열어요.

   A: _____

   ① 알겠습니다.　　　② 다시 올게요.　　　③ 지금 몇 시예요?　　　④ 미안해요.

C **Choose the word that fits correctly all of the sentences in the box.**

1.
> 마리아: 저스틴, 중국어 수업을 _____?
> 저스틴: 아니요, 저는 한국어 수업을 _____.
> 　　　　마리아는 중국어 수업을 _____?
> 마리아: 네, 저는 중국어 배워요.

   ① 봐요　　　② 써요　　　③ 들어요　　　④ 읽어요

2.
> 비비안: 정민 씨는 가족이 _____ 명이에요?
> 정　민: 2명이에요. 동생하고 둘이 살아요.
> 비비안: 동생은 _____ 살이에요?

   ① 몇　　　② 얼마　　　③ 뭐　　　④ 어느

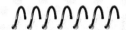

문법 3 Numeric system II: Native Korean numbers

D Write the Native Korean number for each Arabic number.

Arabic number	Native Korean number	Arabic number	Native Korean number	Arabic number	Native Korean number	Arabic number	Native Korean number
1	하나	7		15		40	마흔
2		8		20	스물	46	
3		9		22		50	쉰
4		10		27		53	
5	다섯	11		30	서른	60	예순
6		12	열둘	39		70	

E Choose the correct answers.

1. Which number is the biggest?

   ① 열다섯   ② 서른하나   ③ 열둘   ④ 스물둘

2. Which number is the smallest?

   ① 여섯   ② 열하나   ③ 아홉   ④ 서른

3. 제임스 집에는 식구가 많아요. 할아버지, 할머니, 아빠, 엄마, 형, 제임스, 여동생이 있어요.
   제임스 식구는 몇 명이에요?

   ① 다섯 명   ② 여섯 명   ③ 일곱 명   ④ 여덟 명

4. 제인은 열아홉 살이에요. 제인은 내년에 몇 살이에요?

   ① 열일곱 살   ② 열여덟 살   ③ 열아홉 살   ④ 스무 살

5. 하루는 몇 시간이에요?

   ① 한 시간   ② 열두 시간   ③ 스무 시간   ④ 스물네 시간

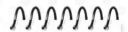

F **Match the destination with the departure time.**

| 비행기 airplane |
| 뉴욕 New York |
| 베를린 Berlin |
| 런던 London |
| 시드니 Sydney |
| 파리 Paris |

Departures

Time	Destination	Gate	Status
19:38	NEW YORK	G08	ON TIME
19:41	BERLIN	A02	GATE OPEN
19:47	LONDON	C02	BOARDING
19:53	TOKYO	E14	CANCELLED
19:59	SYDNEY	B05	ON TIME
20:03	PARIS	D12	ON TIME
20:14	TORONTO	A11	ON TIME
20:26	MILAN	C07	CANCELLED

1. 비행기가 _____ 뉴욕에 가요. •   • 일곱 시 사십칠 분에

2. 비행기가 _____ 베를린에 가요. •   • 일곱 시 오십구 분에

3. 비행기가 _____ 런던에 가요. •   • 일곱 시 삼십팔 분에

4. 비행기가 _____ 시드니에 가요. •   • 여덟 시 십사 분에

5. 비행기가 _____ 파리에 가요. •   • 일곱 시 사십일 분에

6. 비행기가 _____ 토론토에 가요. •   • 여덟 시 삼 분에

G **Write the time in Korean.**

1.

_____ 시

2.

_____ 시 _____ 분

3.

_____ 시 _____ 분

Match each item with the corresponding counting unit.

1.   •   • 잔

2.   •   • 병

3.   •   • 권

4.   •   • 개

5.   •   • 벌

6.    •   • 장

7.   •   • 마리

8.   •   • 명

9.   •   • 대

I **Choose the correct answers.**

1. 컴퓨터가 (둘 / 두) 대 있어요.

2. 바지가 (세 / 셋) 벌 있어요.

3. 책이 (네 / 넷) 권 있어요.

4. 저는 강아지가 (다섯 / 다서) 마리 있어요.

5. 우리 반에 학생이 (스물 / 스무) 명 있어요.

6. 햄버거 (하나 / 한) 주세요.

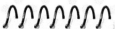
☐ 바지 pants
☐ 버스 bus
☐ 물고기 fish
☐ 카드 card
☐ 감자 potato

J **Match the picture with the subject and corresponding counting unit.**

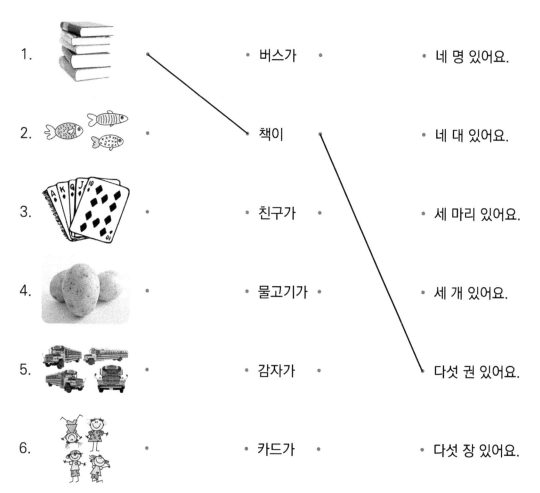

1. • 버스가 • • 네 명 있어요.

2. • 책이 • • 네 대 있어요.

3. • 친구가 • • 세 마리 있어요.

4. • 물고기가 • • 세 개 있어요.

5. • 감자가 • • 다섯 권 있어요.

6. • 카드가 • • 다섯 장 있어요.

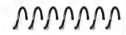
더 나아가기 2

K **Listen to the conversation and choose the correct answers.**

1. 마리아는 이번 주말에 어디에 가요?

   ① 파리　　　　② 뉴욕　　　　③ 서울　　　　④ 런던

2. 몇 명이 뉴욕에 가요?

   ① 한 명　　　　② 두 명　　　　③ 세 명　　　　④ 네 명

3. 비행기는 몇 시에 뉴욕에 가요?

   ① 오전 8시 30분　　　　　　② 오전 8시 45분
   ③ 오후 8시 30분　　　　　　④ 오후 8시 45분

4. 마리아는 언제 집에 와요?

   ① 화요일 오전 6시　　　　　② 월요일 오전 6시 30분
   ③ 화요일 오후 6시　　　　　④ 월요일 오후 6시 30분

L **Look at 민수's schedule and choose True or False.**

1. 민수 씨는 오후 일곱 시에 일어나요. 　　(T / F)
2. 민수 씨는 오전 여덟 시 반에 일하러 가요. 　　(T / F)
3. 민수 씨는 오전 열 시에 일해요. 　　(T / F)
4. 민수 씨는 오후 열두 시 이십 분에 점심을 먹어요. 　　(T / F)
5. 민수 씨는 오후 여섯 시에 집에 가요. 　　(T / F)

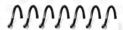
M **Answer the questions about what you plan to do this Saturday.**

My Day

1. 오전 5시에 뭐 해요?   오전 5시에 잠을 자요.

2. 오전 9시 15분에 뭐 해요?   _____

3. 오전 11시 30분에 뭐 해요?   _____

4. 오후 2시 20분에 뭐 해요?   _____

5. 오후 5시 30분에 뭐 해요?   _____

6. 오후 7시 45분에 뭐 해요?   _____

7. 오후 9시 50분에 뭐 해요?   _____

어제 어디에 갔어요?

대화 1

대화 2

대화 1 💬

단어 및 표현 1

A Choose the word that corresponds to each picture.

| 피자 | 사과 | 놀이공원 | 체육관 | 배 | 연필 |

1. _____

2. _____

3. _____

4. _____

5. _____

6. _____

B Complete the sentences with the most appropriate words.

| 쇼핑몰 | 보통 | 슬펐어요 | 유튜브 | 일어났어요 |

1. 저는 _____ 월요일에 운동해요.

2. 민호는 어제 친구 생일 선물을 사러 _____에 갔어요.

3. 모하메드는 어제 시간이 많았어요. 그래서 _____을/를 봤어요.

4. 마리아는 일요일에 영화를 봤어요. 영화가 아주 _____.

5. 제니퍼는 아침 일곱 시에 _____.

C **Fill in the blanks with corresponding words.**

| 슬프다 | 피곤하다 | To ride | To take a walk |

한국어	영어	한국어	영어
타다			To be tired
	To be sad	산책하다	

D **Choose the most appropriate words for the blanks.**

1. A: 영화가 _____?

   B: 재미없었어요.

   ① 뭐였어요   ② 어땠어요   ③ 몇 시였어요   ④ 누구였어요

2. A: _____ 음식을 좋아해요?

   B: 저는 불고기를 좋아해요.

   ① 뭐   ② 몇   ③ 누구   ④ 무슨

3. A: 어제 _____을/를 만났어요?

   B: 다니엘을 만났어요.

   ① 뭐   ② 무슨   ③ 누구   ④ 얼마

4. A: 어제 _____ 했어요?

   B: 학교에서 친구를 만났어요.

   ① 왜   ② 무슨   ③ 뭐   ④ 얼마

5. A: 어제 왜 _____?

   B: 일이 많았어요.

   ① 피곤했어요   ② 놀았어요   ③ 산책했어요   ④ 먹었어요

6. A: 어제 마트에서 뭐 샀어요?

   B: _____을/를 샀어요.

   ① 비행기하고 자동차   ② 사과하고 배   ③ 은행하고 가게   ④ 티브이하고 유튜브

E **Match the phrases on the left with those on the right.**

1. 어제 커피를 •   • 한국어를 배웠어요.
2. 작년에 대학교에서 •   • 라면을 먹었어요.
3. 한국 식당에서 •   • 재미있었어요.
4. 한국 영화가 •   • 갔어요.
5. 우리 아버지는 •   • 마셨어요.
6. 일요일에 놀이공원에 •   • 회사원이었어요.

F **Complete the table using –었어요/았어요.**

Verbs/Adjectives	–었어요/았어요	Verbs/Adjectives	–었어요/았어요
먹다		운동하다	
산책하다		재미없다	
듣다		일어나다	
쓰다		슬프다	
타다		놀다	

G **Choose the correct answers.**

1. 누나는 간호사(이었어요 / 였어요). 지금은 회사원이에요.
2. 어머니는 선생님(이었어요 / 였어요). 지금은 선생님이 아니에요.
3. 저는 어제 너무 (피곤해요 / 피곤했어요).
4. 어제 중국 음식을 먹었어요. 너무 (맛있어요 / 맛있었어요).
5. 제니퍼는 작년에 한국에 (가요 / 갔어요).
6. 토니는 요즘 체육관에서 (운동해요 / 운동했어요).
7. 어제는 토요일(이었어요 / 였어요).
8. 민호는 보통 일요일에 친구를 (만나요 / 만났어요).
9. 저는 보통 6시에 일어나요. 그런데 오늘은 8시에 (일어나요 / 일어났어요).
10. 이번 학기에 한국어 수업이 수요일에 (있어요 / 있었어요). 그런데 어제는 수업이 없었어요.

Fill in the blanks, using the words from the box with −었어요/았어요.

예
A: 어제 뭐 했어요? (수영하다)
B: 수영장에서 <u>수영했어요</u>.

1.
A: 어제 뭐 했어요? (빌리다)
B: 도서관에서 책을 _____.

2.
A: 어제 뭐 했어요? (타다)
B: 놀이공원에서 놀이기구를 _____.

3.
A: 어제 뭐 했어요? (보다)
B: 극장에서 영화를 _____.

4.
A: 어제 뭐 했어요? (운동하다)
B: 체육관에서 _____.

Rewrite the following passage using −었어요/았어요 as in the example.

저스틴은 월요일에 학교에서 친구를 <u>만나요</u>. 화요일에 한국어를 (1) <u>공부해요</u>. 수요일에 체육관에서 (2) <u>운동해요</u>. 목요일에 박물관에 (3) <u>가요</u>. 금요일에 영화를 (4) <u>봐요</u>. 토요일에는 놀이공원에서 놀이 기구를 (5) <u>타요</u>.

저스틴은 월요일에 학교에서 친구를 <u>만났어요</u>. 화요일에 한국어를 (1) _____. 수요일에 체육관에서 (2) _____. 목요일에 박물관에 (3) _____. 금요일에 영화를 (4) _____. 토요일에는 놀이공원에서 놀이 기구를 (5) _____.

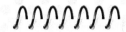

콜라 cola
김치 Kimchi
김치찌개 Kimchi stew

문법 2   −하고: With/and

J **Match −하고 on the left with the corresponding meaning on the right.**

1. 선생님하고 점심을 먹었어요. •

2. 갈비하고 비빔밥을 시켰어요. •   • and

3. 어제 할머니하고 영화 봤어요. •

4. 햄버거하고 콜라 주세요. •

5. 어제 가방하고 모자를 샀어요. •   • with

6. 친구하고 여행을 가고 싶어요. •

K **Choose the most appropriate expressions for the blanks.**

1. 서점에서 _____ 소설책을 샀어요.

    ① 집하고   ② 교과서하고   ③ 강아지하고   ④ 사과하고

2. 식당에서 _____ 만두를 먹었어요.

    ① 영어하고   ② 연필하고   ③ 김밥하고   ④ 컴퓨터하고

3. 주말에 _____ 수영하러 가요.

    ① 친구하고   ② 김치하고   ③ 친구를   ④ 김치를

4. A: _____ 극장에 갔어요?

    B: 제니퍼하고 갔어요.

    ① 뭐하고   ② 언제하고   ③ 무슨   ④ 누구하고

5. A: _____ 음식을 먹었어요?

    B: 불고기하고 갈비하고 김치찌개를 먹었어요.

    ① 왜   ② 누구하고   ③ 뭐하고   ④ 무슨

6. A: 어제 뭐 했어요?

    B: 어머니_____ 전화했어요.

    ① 를   ② 은   ③ 하고   ④ 에

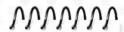

드리다 to give (humble)

녹차 green tea

L **Combine the two sentences as in the example.**

> 예
> 물이 있어요? + 커피가 있어요? → <u>물하고 커피가</u> 있어요?

1. 김치 주세요. + 라면 주세요. → _____ 주세요.

2. 한국어를 공부해요. + 중국어를 공부해요. → _____ 공부해요.

3. 바지를 샀어요. + 무자를 샀어요. _____ 샀어요.

4. 한국에 여행 갔어요. + 일본에 여행 갔어요. → _____ 여행 갔어요.

5. 사과를 좋아해요. + 배를 좋아해요. → _____ 좋아해요.

M **Combine the two sentences as in the example.**

> 예
> A: 어서 오세요. 뭐 드릴까요?
> B: <u>비빔밥하고 불고기</u> (비빔밥, 불고기) 주세요.

1. A: 어서 오세요. 뭐 드릴까요?

   B: _____ (커피, 녹차) 주세요.

2. A: 어서 오세요. 뭐 드릴까요?

   B: _____ (콜라, 햄버거) 주세요.

3. A: 어서 오세요. 뭐 드릴까요?

   B: _____ (우유, 샌드위치) 주세요.

4. A: 어서 오세요. 뭐 드릴까요?

   B: _____ (연필, 지우개) 주세요.

N **한국 식당에서 뭐하고 뭐 먹었어요? 맛이 어땠어요?**

> 예
> 김밥하고 라면을 먹었어요. 김밥은 맛있었어요. 라면은 조금 매웠어요.

◑ Listen to the conversation and answer the questions.

1. Choose a correct statement.

   ① 남자하고 여자는 점심 먹었어요.

   ② 여자는 어제 친구를 만났어요.

   ③ 여자는 식당에 점심 먹으러 갔어요.

   ④ 남자는 어제 친구를 만났어요.

2. 남자는 어제 뭐 먹었어요?

   ① 만두하고 라면   ② 만두하고 라면

   ③ 김밥하고 라면   ④ 어묵하고 만두

3. 음식이 어땠어요?

   ① 라면이 맛없었어요.   ② 만두가 매웠어요.

   ③ 김밥이 조금 매웠어요.   ④ 김밥이 맛있었어요.

ℙ Listen to the conversation and answer the questions.

1. 남자는 방학 때 어디에 갔어요?

   ① 미국   ② 한국   ③ 캐나다   ④ 일본

2. 여자는 방학 때 뭐 했어요?

   ① 한국어를 배웠어요.   ② 친구를 만났어요.

   ③ 미국에 갔어요.   ④ 집에 있었어요.

Q Match the day of the week with each activity.

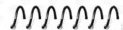

민호는 월요일에 학교에서 한국어 수업을 들었어요. 화요일에는 수영장에 수영하러 갔어요. 수요일에는 옷가게에서 아르바이트했어요. 목요일에는 친구를 만나러 도서관에 갔어요. 금요일에는 여자친구하고 케이팝 콘서트에 갔어요. 토요일에는 놀이공원에 가고 싶었어요. 그런데 날씨가 너무 추웠어요. 그래서 못 갔어요. 친구하고 극장에서 한국 영화를 봤어요. 그리고 한국 식당에서 저녁을 먹었어요. 일요일에는 집에서 숙제했어요.

1. 월요일 •   • 옷가게에서 아르바이트했어요.

2. 화요일 •   • 극장에서 영화를 봤어요.

3. 수요일 •   • 수영장에 수영하러 갔어요.

4. 목요일 •   • 한국어 수업 들었어요.

5. 금요일 •   • 도서관에서 친구를 만났어요.

6. 토요일 •   • 집에서 숙제를 했어요.

7. 일요일 •   • 케이팝 콘서트에 갔어요.

R Translate the sentences into Korean.

1. Who did you eat dinner with yesterday?

_____

2. I went to a party with a friend last weekend.

_____

3. Vivian and Justin played tennis in the morning.

_____

S 방학 때 어디에 갔어요? 거기에서 뭐 했어요?

_____

대화 2 💬

단어 및 표현 2

A **Choose the word that corresponds to each picture.**

| 택시 | 버스 | 기차 | 여름 | 겨울 | 밤 |

1. _____

2. _____

3. _____

4. _____

5. _____

6. _____

B **Complete the sentence with the most appropriate expressions.**

| 계절 | 걸려요 | 편리해요 | 세상에서 | 스마트폰으로 |

1. 버스보다 택시가 더 _____.

2. 뉴욕에서 토론토까지 비행기로 1시간 반쯤 _____.

3. _____ 문자 보내세요.

4. _____ 러시아가 제일 커요.

5. A: 어느 _____이 좋아요?

   B: 저는 봄이 좋아요.

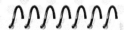

누가 who

C Fill in the blanks with corresponding words.

| 크다 | 높다 | 걸리다 | To be slow | To be convenient |

한국어	영어	한국어	영어
작다	To be short	느리다	
	To be high		To be big
편리하다			To take time

D Choose the most appropriate expressions for the blanks.

1. A: 다운타운에 _____ 갔어요?

   B: 지하철로 갔어요.

   ① 왜   ② 어떻게   ③ 어느   ④ 얼마나

2. A: _____ 요일에 한국어 수업이 있어요?

   B: 월요일하고 수요일에 있어요.

   ① 뭐   ② 무슨   ③ 얼마   ④ 몇

3. A: 뉴욕_____ 서울까지 얼마나 걸려요?

   B: 비행기로 열네 시간쯤 걸려요.

   ① 에   ② 으로   ③ 에서   ④ 부터

4. A: _____ 공부해요?

   B: 저녁 7시부터 9시까지 해요.

   ① 누가   ② 언제   ③ 무슨   ④ 어떻게

5. A: _____ 세상에서 제일 좋아요?

   B: 아버지가 제일 좋아요.

   ① 누가   ② 언제   ③ 무슨   ④ 어떻게

문법 3 (으)로: By means of

E **Match each phrase on the left with the correct marker on the right.**

1. 한국어 •

2. 연필 •   • –으로

3. 숟가락 •

4. 컴퓨터 •

5. 인터넷 •   • –로

6. 소설책 •

F **Choose the most appropriate word for the blanks and add –(으)로.**

컴퓨터	차	한국어	숟가락	김치
연필	스마트폰	이메일	소설책	

1. _____ 유튜브를 봐요.

2. _____ 편지를 써요.

3. 집에서 학교까지 _____ 가요.

4. _____ 사진을 찍어요.

5. _____ 비빔밥을 먹어요.

6. 숙제를 _____ 보냈어요.

7. _____ 말하세요.

9. 이 음식을 _____ 만들었어요.

10. _____ 한국어를 공부해요.

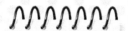

☐ 나무 wood
☐ 자전거 bicycle
☐ 그리다 to draw
☐ 말하다 to speak

G Choose the most appropriate words for the blanks and add –(으)로.

> 전화   지하철   교과서   인터넷   나무   손

1. A: 다운타운에 어떻게 가요?

   B: _____ 가요.

2. A: 햄버거를 어떻게 먹어요?

   B: _____ 먹어요.

3. A: 한국어를 어떻게 배웠어요?

   B: _____ 배웠어요.

4. A: 피자를 어떻게 주문해요?

   B: _____ 주문해요.

5. A: 영화를 어디서 봤어요?

   B: _____ 봤어요.

6. A: 이 책상은 뭐로 만들었어요?

   B: _____ 만들었어요.

H Answer the questions using –(으)로.

1. A: 비비안 씨, 보통 집에 어떻게 가요?

   B: _____ 가요. (버스)

2. A: 비빔밥을 뭐로 먹어요?

   B: _____ 먹어요. (숟가락)

3. A: 우리 집에 어떻게 왔어요?

   B: _____ 왔어요. (자전거)

4. A: 한국 친구한테 이메일을 보냈어요?

   B: 네, _____ 썼어요. (한국어)

5. A: 그림을 그렸어요?

   B: 네, _____ 그렸어요. (볼펜)

6. A: 어머니가 중국 사람이에요?

   B: 네, 그래서 어머니하고 _____ 말해요. (중국어)

–보다 (더) and 제일: Comparatives and superlatives

Make comparative sentences based on the pictures.

1.

_____. (많다)

2.

_____. (크다)

3.

_____. (느리다)

4.

_____. (가볍다)

5.

_____. (춥다)

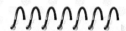

J **Answer the questions based on the picture.**

1. 무슨 과일이 제일 비싸요?

　① 망고　　　　　　② 키위　　　　　　③ 참외　　　　　　④ 수박

2. 무슨 과일이 제일 많아요?

　① 망고　　　　　　② 키위　　　　　　③ 바나나　　　　　④ 배

3. 무슨 과일이 제일 싸요?

　① 망고　　　　　　② 키위　　　　　　③ 바나나　　　　　④ 배

4. 무슨 과일이 제일 커요?

　① 키위　　　　　　② 바나나　　　　　③ 수박　　　　　　④ 배

K **Make superlative sentences using the cues, as in the example.**

> 예
> 민호: 182cm　　　　저스틴: 179cm　　　　모하메드: 185cm
>
> <u>모하메드가 키가 제일 커요.</u> (키가 크다)

1. 민호: 182cm　　　　　　저스틴: 179cm　　　　　　모하메드: 185cm

　_____. (키가 작다)

2. 에베레스트 산: 8848m　　　백두산: 2744m　　　　한라산: 1950m

　_____. (낮다)

3. 아기 발: 100mm　　　　엄마 발: 235mm　　　　할머니 발: 230mm

　_____. (크다)

5 A에서 B까지: From [place A] to [place B]

L **Match the phrase on the left with the correct marker on the right.**

1. 아침 9시 •

2. 집 •   • −에서

3. 학교 •

4. 저녁 •

5. 2020년 •   • −부터

6. 지하철역 •

M **Choose the most appropriate markers. Each marker can be used more than once.**

> 에서   까지   부터   에

1. A: 내일 한국어 시험이 언제예요?

   B: 오후 1시_____ 3시까지예요.

2. A: 집_____ 학교까지 얼마나 걸려요?

   B: 걸어서 30분쯤 걸려요.

3. A: 언제 미국에서 살았어요?

   B: 2014년부터 2016년_____ 미국에서 살았어요.

4. A: 지난주에 뭐 했어요?

   B: 월요일_____ 금요일까지 아르바이트했어요.

5. A: 어제 날씨가 어땠어요?

   B: 아침부터 저녁_____ 비가 왔어요.

6. A: 서울_____ 부산까지 어떻게 갔어요?

   B: 기차로 갔어요.

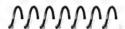
N **Complete the sentences with the most appropriate expressions.**

오후 1시부터 2시까지	한국에서 일본까지	6월부터 8월까지
2층에서 4층까지	집에서 학교까지	월요일부터 금요일까지

1. 점심시간은 _____ 예요.

2. _____ 여름방학이에요.

3. _____ 비행기로 갔어요.

4. _____ 교실이에요.

5. _____ 지하철로 40분쯤 걸려요.

6. _____ 매일 학교에 가요.

Match the phrases on the left with those on the right.

1. 여기에서 지하철역까지 •   • 테니스 쳤어요?

2. 오전 9시부터 오후 4시까지 •   • 걸어서 10분쯤 걸려요.

3. 교과서 5쪽에서 10쪽까지 •   • 수업이 있어요.

4. 언제부터 •   • 공부하세요.

5. 캐나다에서 한국까지 •   • 비행기로 14시간쯤 걸려요.

6. 어제저녁부터 오늘 아침까지 •   • 봄이에요.

7. 한국은 3월부터 5월까지 •   • 잤어요.

꼭 for sure
중 between

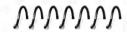

P **Listen to the conversation and answer the questions.**

1. 남자는 어제 뭐 했어요?

　① 영화 봤어요.　　② 수영했어요.　　③ 집에 있었어요.　　④ 공부했어요.

2. 남자 집에서 친구 집까지 얼마나 걸렸어요?

　① 오 분　　　　② 십 분　　　　③ 삼십 분　　　　④ 사십오 분

3. 남자 집에서 친구 집까지 어떻게 갔어요?

　① 차로 갔어요.　　② 걸어서 갔어요.　　③ 버스로 갔어요.　　④ 택시로 갔어요.

4. 여자는 어제 어디에 갔어요?

　① 극장　　　　② 친구 집　　　　③ 수영장　　　　④ 학교

Q **Listen to the conversation and answer the questions.**

1. 앤디는 이번 주 일요일에 어디에 가요?

　① 백화점　　　② 학교　　　③ 지하철역　　　④ 마리아 집

2. Choose the correct statement.

　① 일요일에 앤디 생일 파티가 있어요.　　② 앤디 집은 유니온 역 근처예요.
　③ 앤디는 마리아 생일 파티에 가요.　　④ 마리아 집은 학교 근처예요.

3. 지하철하고 버스 중에 뭐가 더 빨라요?

　　_____ .

4. 학교에서 마리아 집까지 버스로 얼마나 걸려요?

　　_____ .

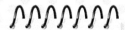

R Read the text and answer the questions.

공항 airport
가끔 sometimes
-호차 car number
-석 seat

제 이름은 해리예요. 런던에 살아요. 저는 작년에 한국에 갔어요. 런던에서 서울까지 비행기로 12시간쯤 걸렸어요. 비행기가 아주 빨랐어요. 공항에서 친구 집까지 버스로 1시간쯤 걸렸어요. 서울에서 지하철하고 버스를 자주 탔어요. 택시도 가끔 탔어요. 지하철이 제일 빠르고 편리했어요. 아침부터 저녁까지 친구하고 서울을 구경했어요. 정말 재미있었어요. 내년 여름에도 한국에 가고 싶어요.

1. 해리는 작년에 어디에 갔어요?

① 한국   ② 런던   ③ 미국   ④ 캐나다

2. 해리는 공항에서 친구 집까지 어떻게 갔어요?

① 지하철   ② 버스   ③ 택시   ④ 비행기

3. 런던에서 서울까지 얼마나 걸렸어요?

① 한 시간   ② 다섯 시간   ③ 열두 시간   ④ 열네 시간

4. Choose True or False.

(1) 해리는 이번 여름에 한국에 갔어요.   (T / F)

(2) 공항에서 친구 집까지 삼십 분쯤 걸렸어요.   (T / F)

(3) 서울에서 택시가 제일 빨랐어요.   (T / F)

(4) 친구하고 서울을 구경했어요.   (T / F)

(5) 해리는 내년 여름에도 한국에 가고 싶어 해요.   (T / F)

S Fill in the blanks based on the picture.

2021년 7월 11일	59,800 원
서울 → 부산	
Seoul	Busan
9:00 AM	11:45 AM
	2호차 10A석

제니퍼 씨는 7월 11일_____ 부산에 가요.

서울_____ 부산_____ 기차_____ 가요.

아침 9시____ 11시 45분____ 기차____

타요. 부산까지 2시간 45분쯤 _____.

지금 공부하고 있어요.

대화 1

‣ 단어 및 표현 1
‣ 문법 1 –(으)세요: Honorific expression
‣ 문법 2 –고 있다: Action in progress
‣ 문법 3 –지만: But/although
‣ 더 나아가기 1

대화 2

‣ 단어 및 표현 2
‣ 문법 4 –(으)ㄹ 거예요: Future events
‣ 문법 5 –어서/아서: Because
‣ 문법 6 –고: And
‣ 더 나아가기 2

단어 및 표현 1

A Match each word on the left with the honorific word on the right.

1. 생일 •	• 돌아가시다
2. 나이 •	• 주무시다
3. 먹다 •	• 생신
4. 자다 •	• 계시다
5. 있다 •	• 연세
6. 죽다 •	• 드시다

B Choose the word that corresponds to each picture.

| 가족 | 아침 | 배 | 기다리다 | 맑다 | 다리 |

1.

_____

2.

_____

3.

_____

4.

_____

5.

_____

6.

_____

C Complete the sentences with the most appropriate expressions.

계세요	기다렸어요	있으세요	가족	다음
가르치세요	연세	친절하세요	매일	

1. 저는 이번 학기에 5과목 들어요. 수업이 _____ 있어요.

2. 한국어 시험이 _____ 주 화요일에 있어요.

3. 어머니는 고등학교에서 중국어를 _____.

4. 저희 부모님은 밴쿠버에 _____.

5. 선생님, 볼펜이 _____?

6. 한국어 선생님이 아주 _____.

7. 어제 학교에서 한 시간 동안 친구를 _____.

8. 우리 _____은/는 다섯 명이에요.

9. 우리 할머니는 _____이/가 많으세요.

D Fill in the blanks with corresponding words.

건강하다	주무시다	따뜻하다	청소하다	맑다	막히다
To wait	To wash dishes		To be late	To be kind

한국어	영어	한국어	영어
	To be warm		To sleep (honorific)
	To be clear	친절하다	
기다리다		설거지하다	
늦다			To be healthy
	To clean		To be congested

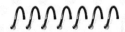

 **1** –(으)세요: Honorific expression

E **Complete the table using –어요/아요 and –(으)세요.**

Verbs/Adjectives	–어/아요	–(으)세요
가르치다		가르치세요
오다	와요	
가다	가요	
보다		보세요
자다	자요	
바쁘다		바쁘세요
먹다	먹어요	
걷다		걸으세요
공부하다	공부해요	
지내다	지내요	

F **Choose the most appropriate words for the blanks.**

1. 마리아 어머니는 매일 저녁 한국 드라마를 _____.

   ① 봐요   ② 들어요   ③ 보세요   ④ 들으세요

2. 저는 언니하고 텔레비전을 봐요. 그리고 아빠는 방에서 신문을 _____.

   ① 읽어요   ② 읽으세요   ③ 가르쳐요   ④ 가르치세요

3. 토니는 오늘 수업이 많아요. 그래서 _____.

   ① 바빠요   ② 바쁘세요   ③ 일해요   ④ 일하세요

4. 제니퍼는 한국어를 공부해요. 그리고 제니퍼 엄마는 중국어를 _____.

   ① 공부해요   ② 공부하세요   ③ 봐요   ④ 보세요

5. 지금 아버지하고 할머니가 아침을 _____.

   ① 자요   ② 주무세요   ③ 먹어요   ④ 드세요

6. 어머니는 한국 드라마를 _____.

   ① 좋아요   ② 좋으세요   ③ 좋아해요   ④ 좋아하세요

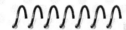
G **Look at the pictures and complete the conversations as shown in the example.**

예

A: 할머니는 지금 뭐 <u>하세요</u>?
B: 그림을 <u>그리세요</u>.

1.

A: 할머니는 지금 뭐 _____?
B: 방에서 _____.

2.

A: 아버지는 지금 뭐 _____?
B: 부엌에서 _____.

3.

A: 어머니가 지금 뭐 _____?
B: _____.

4.

A: 선생님, 어디에서 점심을 _____?
B: 맛나분식에서 자주 _____.

5.

A: 아버지는 무슨 운동을 하세요?
B: 우리 아버지는 주말에 골프를 _____.

6.

A: 할머니는 무슨 운동을 하세요?
B: 매일 아침 수영장에서 _____.

문법 2 –고 있다: Action in progress

Look at the pictures and complete the conversations as shown in the example.

예

A: 마리아 씨는 지금 뭐 해요?

B: 집에서 저녁을 <u>먹고</u> <u>있어요</u>.

1.

A: 진우 씨는 지금 뭐 해요?

B: 친구하고 테니스를 _____ _____.

2.

A: 민호 씨는 지금 뭐 해요?

B: 방에서 숙제를 _____ _____.

3.

A: 아버지는 지금 뭐 하세요?

B: 부엌에서 _____ _____.

4.

A: 선생님은 지금 뭐 하세요?

B: 버스를 _____ _____.

5.

A: 할아버지는 뭐 하고 계세요?

B: 음악을 _____ _____.

I Look at the pictures and write what each person is doing at the park.

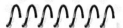
자전거 bicycle

1. 비비안은 지금 뭐 하고 있어요? _____.

2. 토니는 지금 뭐 하고 있어요? _____.

3. 저스틴은 지금 뭐 하고 있어요? _____.

4. 민호는 지금 뭐 하고 있어요? _____.

5. 모하메드는 지금 뭐 하고 있어요? _____.

6. 유미는 지금 뭐 하고 있어요? _____.

7. 소라하고 정혁은 뭐 하고 있어요? _____.

8. 스티브는 뭐 하고 있어요? _____.

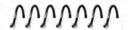

선물 gift
받다 to answer, receive
편하다 to be comfortable

 3 –지만: But/although

J **Complete the sentences with the most appropriate expressions.**

비싸지만	춥지만	좋아하지만	갔지만	맵지만

1. 이 티셔츠는 조금 _____ 아주 예뻐요.

2. 떡볶이는 _____ 맛있어요.

3. 오빠는 김치찌개를 _____ 저는 싫어해요.

4. 오늘은 날씨가 _____ 밖에서 놀아요.

5. 오늘 학교에 _____ 수업은 안 들었어요.

K **Match each phrase on the left with the most appropriate phrase on the right.**

1. 커피가 비싸지만   •   • 선물을 못 받았어요.
2. 한국어 수업이 재미있지만 •   • 편해요.
3. 기숙사가 방이 작지만   •   • 맛있어요.
4. 겨울이지만   •   • 안 추워요.
5. 스티브는 미국 사람이지만 •   • 숙제가 많아요.
6. 어제 제 생일이었지만   •   • 한국어를 잘해요.

L **Complete the sentences using –지만.**

1. 서울은 여름에 더워요. 겨울에는 추워요.

→ 서울은 여름에 _____ 겨울에는 추워요.

2. 누나는 밴쿠버에 살아요. 저는 토론토에 살아요.

→ 누나는 밴쿠버에 _____ 저는 토론토에 살아요.

3. 제니퍼는 캐나다 사람이에요. 제니퍼 부모님은 한국 사람이에요.

→ 제니퍼는 캐나다 사람_____ 제니퍼 부모님은 한국 사람이에요.

4. 시험공부를 열심히 했어요. 잘 못 봤어요.

→ 시험공부를 열심히 _____ 잘 못 봤어요.

∿∿∿∿∿∿

☐ 전공(하다) to major

M Complete the sentences.

1. 제 전공은 컴퓨터지만 _____.

2. 지하철이 빠르지만 _____.

3. 기숙사 방이 비싸지만 _____.

4. 토론토의 여름 날씨는 덥지만 _____.

5. 저도 영화를 같이 보고 싶지만 _____.

6. 옷이 예쁘지만 _____.

7. 여행은 많이 하지만 _____.

N Complete the conversations using −지만.

1. A: 학교 식당 커피가 어때요?

   B: _____.

2. A: 한국어 수업이 어때요?

   B: _____.

3. A: 시험이 어땠어요?

   B: _____.

4. A: 이 옷이 어때요?

   B: _____.

5. A: 한국 마트가 어때요?

   B: _____.

6. A: 한국 음식이 어때요?

   B: _____.

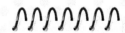

룸메이트 roommate
쉬다 to take a rest

더 나아가기 1

🔊 **Listen to the narration and answer the questions.**

1. Choose the correct statement.

① 지아는 룸메이트가 한 명 있어요.

② 지아는 부엌에 있어요.

③ 수지는 설거지를 하고 있어요.

④ 줄리아는 청소를 하고 있어요.

2. 지아는 지금 뭐 하고 있어요?

_____

🔊 **Listen to the conversation and answer the questions.**

1. Choose the correct statement.

① 제니는 할아버지하고 같이 살아요.

② 민수는 할머니하고 같이 살아요.

③ 민수 할아버지는 수영을 자주 하세요.

④ 제니는 가족이 네 명이에요.

2. 민수는 가족이 몇 명이에요?

_____

🔊 **Listen to the conversation and fill in the blanks with the appropriate words.**

여자는 오늘 _____가 아파요. 약을 _____ 지금도 아파요. 그래서 _____ 있어요.

R Read the text and answer the questions.

□ 생물학 biology
□ 디자인 design
□ 문화 culture
□ 디자이너 designer

> 제 이름은 저스틴이에요. 우리 가족은 모두 다섯 명이에요. 아버지, 어머니가 계시고 누나하고 형이 있어요. 아버지는 회사원이세요. 어머니는 고등학교에서 음악을 가르치세요. 어머니는 재미있고 친절하세요. 그래서 학생들이 어머니를 아주 좋아해요. 누나는 의사예요. 누나는 작년에 결혼했어요. 형은 대학원에서 생물학을 공부하고 있어요. 저는 대학교 1학년이에요. 저는 디자인을 전공하지만 한국 문화에도 관심이 많아요. 저는 디자이너가 되고 싶어요.

1. Choose the correct statement.

① 저스틴 가족은 4명이에요.　　② 저스틴 어머니는 일을 안 해요.

③ 저스틴 누나는 내년에 결혼해요.　　④ 저스틴 형은 생물학을 공부해요.

2. What is the occupation of Justin's father?

① 　　② 　　③ 　　④

3. Fill in the blanks with the appropriate words.

저스틴은 대학교 ＿＿＿＿＿＿이에요. 디자인을 ＿＿＿＿＿＿. ＿＿＿＿＿＿가 되고 싶어요.

S Write a passage about your family like in the text above using −(으)세요, −고 있어요, and −지만.

＿＿＿＿＿＿＿＿＿＿＿＿＿＿＿＿＿＿＿＿＿＿＿＿＿＿＿＿＿＿＿＿＿＿＿＿

＿＿＿＿＿＿＿＿＿＿＿＿＿＿＿＿＿＿＿＿＿＿＿＿＿＿＿＿＿＿＿＿＿＿＿＿

＿＿＿＿＿＿＿＿＿＿＿＿＿＿＿＿＿＿＿＿＿＿＿＿＿＿＿＿＿＿＿＿＿＿＿＿

대화 2

단어 및 표현 2

A Write the word for each sport and match the picture with the corresponding word for 'to play' on the right.

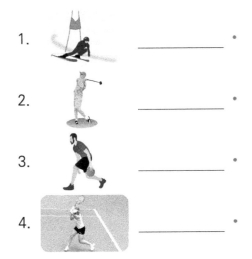

1. ＿＿＿＿＿ •

2. ＿＿＿＿＿ •

3. ＿＿＿＿＿ •

4. ＿＿＿＿＿ •

- 해요

- 타요

- 쳐요

B Choose the word that corresponds to each picture.

| 축구 | 전화하다 | 약 | 멀다 | 끝나다 | 눈 |

1.

＿＿＿＿＿＿＿＿＿

2.

＿＿＿＿＿＿＿＿＿

3.

＿＿＿＿＿＿＿＿＿

4.

＿＿＿＿＿＿＿＿＿

5.

＿＿＿＿＿＿＿＿＿

6.

＿＿＿＿＿＿＿＿＿

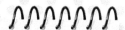

☐ 뜨겁다 ⓑ to be hot
☐ 졸업하다 to graduate
☐ 운동장 playground
☐ 이따가 later

C **Choose the most appropriate words for the blanks.**

1. 오늘 수업이 세 개 있어요. 오후 5시에 수업이 _____.

① 끝나요   ② 준비해요   ③ 일어나요   ④ 돌아와요

2. 저는 기숙사에 살아요. 기숙사에서 학교까지 _____. 그래서 편해요.

① 더워요   ② 추워요   ③ 가까워요   ④ 멀어요

3. 퀘벡은 겨울에 날씨가 _____. 눈도 많이 와요.

① 더워요   ② 추워요   ③ 가까워요   ④ 뜨거워요

4. 언니는 지금 영국에서 대학교에 다녀요. 내년에 졸업하고 캐나다에 _____.

① 기다릴 거예요   ② 쉴 거예요   ③ 준비할 거예요   ④ 돌아올 거예요

5. 어제는 날씨가 _____ 비가 왔어요.

① 흐리고   ② 맑고   ③ 가깝고   ④ 멀고

D **Complete the sentences with the most appropriate words.**

> 축구   조금   잘 못하지만   그냥   약속

1. A: 주말에 뭐 할 거예요?

   B: _____ 집에서 쉴 거예요.

2. A: 농구 잘 하세요?

   B: 아니요, 농구는 _____ 좋아해요.

3. A: 오늘 오후에 뭐 해요?

   B: 오늘은 _____이 있어요. 친구하고 영화를 보러 가요.

4. A: 어제 뭐 했어요?

   B: 날씨가 좋아서 친구들하고 운동장에서 _____ 했어요.

5. A: 지금 이야기 좀 할 수 있어요?

   B: 지금은 시간이 없어요. _____ 이따가 이야기해요.

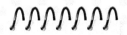

문법 4 -(으)ㄹ 거예요: Future events

E Complete the table using -어요/아요 and -(으)ㄹ 거예요.

Verbs/Adjectives	-어요/아요	-(으)ㄹ 거예요
자다		잘 거예요
먹다	먹어요	
오다	와요	
보다		볼 거예요
일하다	일해요	
바쁘다		바쁠 거예요
치다	쳐요	
듣다		들을 거예요
살다		
빠르다	빨라요	
춥다		

F Choose the most appropriate words for the blanks.

1. 마리아는 이번 주말에 영화를 _____.

   ① 볼 거예요   ② 갈 거예요   ③ 들을 거예요   ④ 놀 거예요

2. 이번 토요일에 친구하고 테니스를 _____.

   ① 탈 거예요   ② 불 거예요   ③ 놀 거예요   ④ 칠 거예요

3. 내일은 날씨가 _____.

   ① 춥을 거예요   ② 출 거예요   ③ 추울 거예요   ④ 추블 거예요

4. 제니퍼는 다음 학기에 한국어 수업을 _____.

   ① 숙제할 거예요   ② 공부할 거예요   ③ 배울 거예요   ④ 들을 거예요

5. 요즘 운동을 못 했어요. 그래서 내일은 _____.

   ① 잘 거예요   ② 운동할 거예요   ③ 먹을 거예요   ④ 일할 거예요

6. 내일은 시험이 세 개 있어요. 아주 _____.

   ① 배부를 거예요   ② 바쁠 거예요   ③ 괜찮을 거예요   ④ 빠를 거예요

G **Complete the conversations with the verbs using −(으)ㄹ 거예요.**

| 산책하다 | 숙제하다 | 여행가다 | 놀다 | 만들다 | 보다 |

예

A: 내일 뭐 할 거예요?

B: <u>등산할 거예요</u>

1.

A: 오늘 오후에 약속이 있어요?

B: 아니요, 기숙사에서 _____.

2.

A: 오늘 저녁에 무슨 음식을 만들 거예요?

B: 비빔밥을 _____.

3.

A: 점심 먹고 뭐 할 거예요?

B: 공원에서 _____.

4.

A: 주말에 뭐 할 거예요?

B: 극장에서 영화를 _____.

5.

A: 다음 주에 뭐 할 거예요?

B: 친구하고 _____.

6.

A: 여름 방학에 뭐 할 거예요?

B: 친구들하고 _____.

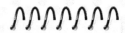

이사하다
to move in/out

 5 -어서/아서: Because

Complete the table using -어서/아서.

Verbs/Adjectives	-어서/아서	Verbs/Adjectives	-어서/아서
가다		나쁘다	
먹다		듣다	
모르다		살다	
읽다		보다	
일하다		춥다	

Draw a line between a cause and an effect.

1. 토니가 학교에 안 갔어요. •   • 그냥 집에 있을 거예요.

2. 숙제가 많았어요. •   • 자주 들어요.

3. 한국 음식을 먹고 싶었어요. •   • 선생님이 전화를 하셨어요.

4. 한국 음악을 좋아해요. •   • 늦게 잤어요.

5. 기숙사가 불편해요. •   • 한국 식당에 갔어요.

6. 오늘 날씨가 추워요. •   • 다음 달에 이사할 거예요.

Combine the above cause and effect sentences into one sentence using -어서/아서.

① 토니가 학교에 안 가서 선생님이 전화를 하셨어요   .

② _____ .

③ _____ .

④ _____ .

⑤ _____ .

⑥ _____ .

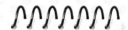

K Complete the conversations with the cue words using –어서/아서.

감기에 걸리다 to catch a cold

받다 to receive

1.

A: 파티에 왜 안 왔어요?

B: _____ 못 갔어요. (감기에 걸리다)

2.

A: 어제 왜 일찍 잤어요?

B: _____ 일찍 잤어요. (피곤하다)

3.

A: 전화를 왜 안 받았어요?

B: 미안해요. _____ 못 받았어요.

(도서관에 있다)

4.

A: 수업에 왜 늦었어요?

B: 어제 _____ 오늘 아침에 늦게

일어났어요. (늦게까지 공부하다)

5.

A: 요즘 왜 테니스를 안 쳐요?

B: 요즘 _____ 테니스를 못 쳐요.

(바쁘다)

L Answer the questions using –어서/아서.

1. 왜 한국어를 배우세요?

_____

2. 어제 왜 한국어 수업에 안 왔어요?

_____

3. 어디에 여행가고 싶어요? 왜요?

_____

M Combine the sentences using −고.

1. 마리아는 불고기를 좋아해요. 제니퍼는 떡볶이를 좋아해요.

→ _____ 제니퍼는 떡볶이를 좋아해요.

2. 저는 시카고에 살아요. 언니는 런던에 살아요.

→ _____ 언니는 런던에 살아요.

3. 저는 3학년이에요. 제 동생은 1학년이에요.

→ _____ 제 동생은 1학년이에요.

4. 토니는 주말에 청소를 했어요. 토니 룸메이트는 요리를 했어요.

→ _____ 토니 룸메이트는 요리를 했어요.

N Answer the question in a complete sentence based on the pictures using −고.

| 점심을 먹다 | 숙제하다 | 청소하다 | 책을 읽다 |
| 장 보다 | 텔레비전을 보다 | 수업을 듣다 | 친구를 만나다 |

1.

A: 오후에 뭐 해요?

B: _____.

2.

A: 보통 저녁 때 뭐 해요?

B: _____.

3.

A: 주말에 뭐 했어요?

B: _____.

4.

A: 이번 주말에 뭐 할 거예요?

B: _____.

Answer the questions with the words from the box using –고. Each word can be used more than once.

깨끗하다 to be clean
쉽다 ⓑ to be easy

넓다	크다	작다	비싸다	싸다
덥다	나쁘다	맛있다	춥다	좋다
눈이 오다	맑다	흐리다	어렵다	사람이 많다
편리하다	깨끗하다	빠르다	쉽다	재미있다

1. 학교 식당 음식이 어때요?

_____고 _____.

2. 러시아 겨울 날씨가 어때요?

_____고 _____.

3. 학교 도서관이 어때요?

_____고 _____.

4. 기숙사가 어때요?

_____고 _____.

5. 뉴욕이 어때요?

_____고 _____.

6. 서울 지하철이 어때요?

_____고 _____.

7. 한국어 수업이 어때요?

_____고 _____.

146 NEW GENERATION KOREAN 1 WORKBOOK

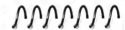

과목 course
하와이 Hawaii
배를 타다 to get on a ship
세일하다 to be on sale
거기 there
표 ticket

ℙ Listen to the conversation and choose the correct statement.

① 남자 부모님은 캐나다에 살아요.

② 남자는 부모님하고 여행할 거예요.

③ 여자는 여름 학기에 일할 거예요.

④ 여자는 수업을 한 과목 들을 거예요.

Listen to the conversation and answer the questions.

1. 남자는 봄 방학에 어디 갔어요?

   ① 하와이　　　② 서울　　　③ 홍콩　　　④ 방콕

2. 날씨가 어땠어요?

   ① 따뜻했어요.　　② 추웠어요.　　③ 더웠어요.　　④ 흐렸어요.

3. 남자는 거기에서 뭐 했어요?

   ① 사진을 찍었어요.　② 배를 탔어요.　③ 영화를 봤어요.　④ 골프를 쳤어요.

ℝ What do you want to do during the school break? Discuss your plans with your classmates using −(으)ㄹ 거예요 and −고 as in the conversation below.

> A: 방학 때 뭐 할 거예요?
>
> B: 한국에 갈 거예요.
>
> A: 한국에서 뭐 할 거예요?
>
> B: 쇼핑도 하고 친구도 만날 거예요.
>
> A: 비행기 표는 샀어요?
>
> B: 아직 안 샀어요. 인터넷으로 살 거예요.

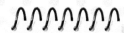

S Read the text and answer the questions.

☐ 음료수 beverage

> 준호는 어제 시험이 끝났어요. 그래서 오늘은 준호 집에서 파티를 할 거예요. 준호는 오전에 장을 보러 갔어요. 마트에서 고기, 채소, 과일, 음료수를 샀어요. 오후에는 집을 청소하고 음식을 준비했어요. 준호 친구는 한국 음식을 좋아해서 준호는 한국 음식을 만들 거예요. 불고기하고 잡채를 만들 거예요. 떡볶이도 만들 거예요. 떡볶이는 조금 맵지만 친구들이 아주 좋아해요. 여섯 시에 친구들이 올 거예요. 같이 음식을 먹고 영화를 볼 거예요. 그리고 친구들하고 이야기를 많이 할 거예요. 게임도 할 거예요. 파티가 아주 재미있을 거예요.

1. Which statement is correct?

   ① 준호는 어제 장을 보러 갔어요.   ② 준호는 비빔밥을 만들 거예요.

   ③ 준호 친구는 7시에 올 거예요.   ④ 준호는 오후에 집을 청소했어요.

2. 준호는 아침에 뭐 했어요?

   ① 장을 봤어요.   ② 빨래를 했어요.

   ③ 청소를 했어요.   ④ 설거지를 했어요.

3. Which is the item Junho did not buy?

   ① 고기   ② 채소   ③ 과일   ④ 케이크

4. Which of the following activities will Junho not do with his friends?

   ① 영화를 볼 거예요.   ② 친구하고 얘기할 거예요.

   ③ 음악을 들을 거예요.   ④ 게임을 할 거예요.

T Write your weekend plans using –(으)ㄹ 거예요 and –고.

_____

_____

_____

스케이트 탈 수 있어요?

단어 및 표현 1

A Choose the word that corresponds to each picture.

| 자전거 | 꽃 | 부르다 | 말하다 | 아기 | 치마 |

1.

_____

2.

_____

3.

_____

4.

_____

5.

_____

6.

_____

B Complete the sentences with the most appropriate words.

| 목소리 | 걸려서 | 만들어 | 창문 | 도와 | 타러 |

1. 한국어 숙제가 너무 어려워요. 저 좀 _____ 주세요.

2. 어제는 친구하고 같이 스케이트를 _____ 스케이트장에 갔어요.

3. 방이 더워요. _____ 좀 열어 주세요.

4. 감기에 _____ 숙제를 못 했어요.

5. 어제는 제 생일이었어요. 룸메이트가 미역국을 _____ 주었어요.

6. 모하메드 씨는 _____도 좋고 노래도 잘 불러요.

C **Fill in the blanks with corresponding words.**

돕다	귀엽다	추천하다	말하다	타다
To pull over	To open	To put in	To cook	To close

한국어	영어	한국어	영어
	To be cute		To recommend
익히다		열다	
닫다		세우다	
	To speak	(자전거를)	To ride (a bike)
넣다			To help

D **Match each word on the left with the related word on the right.**

1. 참기름 •   • 닫다

2. 스노보드 •   • 부르다

3. 감기 •   • 타다

4. 노래 •   • 귀엽다

5. 아기 •   • 걸리다

6. 문 •   • 넣다

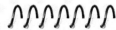

운전하다 to drive

 **1** –(으)ㄹ 수 있다/없다: Can/cannot

E **Complete the table using –(으)ㄹ 수 있어요.**

Verbs	–(으)ㄹ 수 있어요	Verbs	–(으)ㄹ 수 있어요
타다		가르치다	
치다		오다	
말하다		돕다	
만들다		먹다	
만나다		읽다	
쓰다		걷다	

F **Choose the most appropriate words for the blanks.**

1. 저는 떡볶이를 _____.

   ① 만날 수 있어요　　② 만나을 수 있어요　　③ 만들 수 있어요　　④ 만들을 수 있어요

2. 오늘 저하고 테니스를 _____?

   ① 놀 수 있어요　　② 할 수 있어요　　③ 탈 수 있어요　　④ 칠 수 있어요

3. 제니퍼는 중국어로 _____.

   ① 칠 수 있어요　　② 만들 수 있어요　　③ 걸을 수 있어요　　④ 말할 수 있어요

4. 오늘은 바쁘지만 내일은 _____.

   ① 만날 수 있어요　　② 만날 수 없어요　　③ 막힐 수 있어요　　④ 만들 수 없어요

5. 저스틴은 삼 년 동안 스노보드를 배웠어요. 그래서 스노보드를 _____.

   ① 만들 수 있어요　　② 배울 수 없어요　　③ 탈 수 있어요　　④ 칠 수 없어요

6. 오늘 눈이 많이 와서 _____.

   ① 운전할 수 있어요　　② 밖에서 놀 수 없어요　③ 읽을 수 있어요　　④ 말할 수 없어요

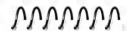

춤추다 to dance
옆집 neighbor
시끄럽다 ⓑ to be noisy
이야기하다 to tell a story

G **Complete the conversations using –(으)ㄹ 수 있어요/없어요 as in the example.**

> 예
> A: 김치 먹을 수 있어요?
> B: 아니요, <u>먹을 수 없어요</u>.

1. A: 숙제 다 했어요?

   B: 아니요, 어려워서 다 _____.

2. A: 한국 노래 부를 수 있어요?

   B: 네, _____.

3. A: 내일 저하고 춤추러 가요.

   B: 가고 싶지만 다리가 아파서 내일은 _____.

4. A: 어제 농구했어요?

   B: 아니요, 비가 와서 농구를 _____.

5. A: 떡볶이 좋아하세요?

   B: 네, 그런데 매워서 많이 _____.

6. A: 어제 기차를 탔어요?

   B: 아니요, 늦어서 기차를 _____.

7. A: 어제 옆집이 시끄러웠지요? 잠을 잘 잤어요?

   B: 아니요, 너무 시끄러워서 잠을 _____.

8. A: 어제 비비안 씨하고 이야기했어요?

   B: 아니요, 비비안 씨가 시간이 없어서 _____.

선물하다 to give a present

 2 −어/아 주다: To do something for someone

Complete the sentences with the cue words as in the example.

예

지난주에 친구 생일이었어요. 그래서 제가 꽃을 <u>선물해</u> <u>줬어요</u>. (선물하다)

1.

저는 테니스를 잘 못 쳐요. 그래서 어제 친구가 _____ _____. (가르치다)

2.

어제 머리가 많이 아팠어요. 친구가 약을 _____ _____. (사다)

3.

제 룸메이트가 한국 음식을 _____ _____. (만들다)

4.

지난달에 형이 돈을 _____ _____. (보내다)

5.

친구들이 제 생일 파티에 _____ _____. (오다)

6.

숙제가 아주 어려웠어요. 그래서 친구가 좀 _____. (돕다)

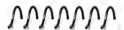
Complete the conversations with the cue words using –어/아 주세요.

1.

A: 손님, 어디 가세요?

B: 광화문에 _____ _____. (가다)

2.

A: 광화문 다 왔습니다.

B: 네, 고맙습니다. 저기서 _____ _____. (세우다)

3.

A: 실례합니다. 사진 좀 _____ _____. (찍다)

B: 네, 좋아요.

4.

A: 가방이 무거워요?

B: 네, 조금 무거워요. 좀 _____ _____. (돕다)

5.

A: 내일 우리 집에서 파티를 해요. 우리 집에 올 수 있어요?

B: 네, 집 주소 좀 _____ _____. (알리다)

6.

A: 돈이 없어요. 돈 좀 _____ _____. (빌리다)

B: 빌려 주고 싶지만 저도 없어요.

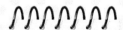

우와! Wow!
벌써 already
오래 for a long time

 **3** **–네요: surprise or admiration**

J **Complete the table using –네요 and –었/았네요.**

Verbs/Adjectives	–네요	–었/았네요
비싸다		
예쁘다		
오다		
춥다		
어렵다		
듣다		
살다		
있다		
선생님이다		

K **Complete the conversations with the most appropriate words using –네요.**

살다	오다	귀엽다	어렵다	맵다

1.

A: 아기가 어때요?

B: _____.

2.

A: 파티에 사람이 50명 왔어요.

B: 우와! 사람이 많이 _____.

3.

A: 캐나다에서 20년 살았어요 .

B: 우와! 벌써요? 오래 _____.

4.

A: 숙제 다 했어요?

B: 아니요, 이번 숙제가 아주 _____.

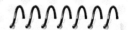

L **Complete the conversations with the cue words using** −네요.

월세 monthly rental fee
열심히 hard
벌써 already
영하 below zero temperature

1. A: 아파트 월세가 4000불이에요.

   B: _____. (비싸다)

2. A: 이 가방 누구 거예요?

   B: 제 거예요.

   A: _____. 어디에서 샀어요? (예쁘다)

3. A: 오늘 날씨가 덥지요?

   B: 네, 아주 _____. (덥다)

4. A: 마리아 씨, 한국말을 아주 잘 _____. (하다)

   B: 아니에요. 더 열심히 공부해야 돼요.

5. A: 저스틴 씨 어디 있어요?

   B: 어머, 벌써 학교에 _____. (가다)

6. A: 지난 여름방학 때 책을 20권 읽었어요.

   B: 와, 책을 아주 많이 _____. (읽다)

7. A: 제가 이 사진을 찍었어요.

   B: 와, 사진을 아주 잘 _____. (찍다)

8. A: 떡볶이가 어때요?

   B: 맛있어요. 그런데 좀 _____. (맵다)

9. A: 오늘 너무 _____. (춥다)

   B: 네, 오늘 영하 20도예요.

10. A: 길이 많이 _____. (막히다)

   B: 금요일 저녁에는 차가 많아요.

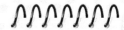

어젯밤 last night
바람이 불다 ㄹ
to be windy
모레 the day after
tomorrow
시원하다 to be cool

더 나아가기 1

Ⅿ Listen to the narration and answer the questions.

1. 두 사람은 무슨 운동을 할 수 있어요?

① 테니스　　　　② 골프　　　　③ 농구　　　　④ 스키

2. Choose the correct statement.

① 여자는 남자한테 테니스를 가르쳐 줄 거예요.

② 여자는 골프를 칠 수 있어요.

③ 여자하고 남자는 이번 주말에 만날 거예요.

④ 남자는 농구를 잘해요.

Ｎ Listen to the conversation and answer the questions.

1. Choose the correct statement.

① 요즘 날씨가 안 더워요.　　　　② 남자는 어젯밤에 잠을 잘 못 잤어요.

③ 어제가 오늘보다 더 더웠어요.　　④ 내일은 비가 올 거예요.

2. 모레 날씨는 어때요?

 ① 　　② 　　③ 　　④

Ｏ Listen to the conversation and fill in the blanks with the appropriate words.

하나 씨는 내일 _____이 없어서 이사를 _____수 있어요. 저스틴 씨는

하나 씨한테 말했어요. "_____ 고마워요."

P Read the text and answer the questions.

☐ 달 month
☐ 명동 Myeong-dong
☐ 길거리 street
☐ –의 possessive marker

> 토니는 이번 여름에 서울에 갈 거예요. 한국대학교에서 한 달 동안 한국어를 배울 거예요. 학교 기숙사에서 살 거예요. 공부를 열심히 할 거예요. 그리고 여행도 갈 거예요. 서울은 지하철역이 많아서 아주 편리해요. 학교 기숙사에서 명동까지 지하철로 갈 수 있어요. 명동은 쇼핑이 편해요. 극장이 있어서 영화도 볼 수 있어요. 그리고 길거리 음식도 먹을 수 있어요. 중국 식당이 많아서 중국 음식도 먹을 수 있어요. 토니의 여름방학은 아주 재미있을 거예요.

1. Which statement is correct?

   ① 토니는 한 달 동안 한국에 있을 거예요.   ② 토니는 버스로 명동에 갈 거예요.

   ③ 토니의 여름 방학은 재미있었어요.   ④ 토니는 친구 집에서 살 거예요.

2. Which is the best title of the text?

   ① 명동 쇼핑   ② 서울 지하철   ③ 토니의 여름방학   ④ 길거리 음식

3. Choose the correct statement about Myeong-dong.

   ① 쇼핑할 수 있어요.   ② 일본 식당이 많아요.

   ③ 영화를 볼 수 없어요.   ④ 지하철역이 없어요.

Q Write a passage about your favorite places and what activities you can do there as in the text above using –(으)ㄹ 수 있어요/없어요.

_____

_____

_____

_____

대화 2 💬

단어 및 표현 2

A Write the word for each musical instrument on the line and match the picture with the corresponding word for "to play" on the right.

1. _____ • • 켜다

2. _____ • • 치다

3. _____ • • 불다

4. _____ • • 놀다

B Choose the most appropriate expressions for the blanks.

1. 오늘은 시험을 봐요. 그래서 연필하고 지우개를 _____.

   ① 가져가요 ② 아름다워요 ③ 추천해요 ④ 연주해요

2. 집에서 학교까지 멀어요. 그래서 매일 _____ 학교에 가요.

   ① 쉬어서 ② 가져가서 ③ 운전해서 ④ 아름다워서

3. 저는 보통 주말에 청소하고 _____.

   ① 구경해요 ② 전공해요 ③ 빨래해요 ④ 가져가요

4. 어젯밤에 잠을 잘 못 자서 피곤해요. 오늘은 집에서 _____ 싶어요.

   ① 빨래하고 ② 쉬고 ③ 운전하고 ④ 배를 타고

5. 학교에 꽃하고 나무가 많아요. 경치가 아주 _____.

   ① 아름다워요 ② 눌러요 ③ 초대해요 ④ 올려요

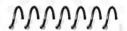

특히 especially
로맨틱 코미디
romantic comedy

C Fill in the blanks with corresponding words.

운전하다	가져가다	초대하다	연주하다	전공하다
To take a rest		To do the laundry		To take a look

한국어	영어	한국어	영어
	to drive		to major in
	to play (musical instrument)	쉬다	
	to take away	구경하다	
빨래하다			to invite

D Complete the sentences with the most appropriate words.

자주	취미	마다	악기	낮

1. A: 무슨 _____을/를 연주할 줄 알아요?

   B: 저는 피아노하고 기타를 칠 줄 알아요. 그리고 바이올린도 켤 줄 알아요.

2. A: _____이/가 뭐예요?

   B   저는 영화를 좋아해요. 특히 로맨틱 코미디를 좋아해요.

3. A: 토요일에 시간이 있어요?

   B: 아니요, 저는 토요일 _____ 아르바이트를 해서 시간이 없어요.

4. A: 학교에 왜 _____ 늦어요?

   B: 차가 많이 막혀서요.

5. A: 지금 이야기 좀 할 수 있어요?

   B: 지금은 시간이 없어요. 내일 _____에 이야기해요.

E **Complete the table using –(으)ㄹ 줄 알아요 or –(으)ㄹ 줄 몰라요.**

Verbs/Adjectives	–(으)ㄹ 줄 알아요	Verbs/Adjectives	–(으)ㄹ 줄 몰라요
치다	칠 줄 알아요	만들다	만들 줄 몰라요
연주하다		불다	
타다		켜다	
걷다		읽다	
운전하다		쓰다	

F **Choose the most appropriate words for the blanks.**

1. 마리아는 플루트를 _____.
   ① 칠 줄 알아요   ② 탈 줄 알아요   ③ 불 줄 알아요   ④ 놀 줄 알아요

2. 저는 자전거를 _____.
   ① 칠 줄 몰라요   ② 탈 줄 몰라요   ③ 불 줄 몰라요   ④ 놀 줄 몰라요

3. 제니퍼는 기타를 _____.
   ① 칠 줄 몰라요   ② 탈 줄 몰라요   ③ 불 줄 몰라요   ④ 놀 줄 몰라요

4. 모하메드는 농구를 _____.
   ① 칠 줄 몰라요   ② 탈 줄 몰라요   ③ 할 줄 몰라요   ④ 놀 줄 몰라요

5. 토니는 한국 노래를 _____.
   ① 부를 줄 알아요   ② 말할 줄 알아요   ③ 불 줄 알아요   ④ 놀 줄 알아요

6. 스마트폰으로 사진을 _____.
   ① 찍을 줄 알아요   ② 읽을 줄 알아요   ③ 만들 줄 알아요   ④ 부를 줄 알아요

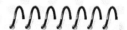
G **Complete the conversations with the cue words as in the example.**

예

A: 무슨 운동할 수 있어요?

B: <u>축구를 할 줄 알아요.</u> (축구)

1.

A: 무슨 음식 만들 수 있어요?

B: _____. (비빔밥)

2.

A: 젓가락질 할 수 있어요?

B: 네, _____. (젓가락질)

3.

A: 무슨 운동할 수 있어요?

B: _____. (태권도)

4.

A: 무슨 운동할 수 있어요?

B: _____. (스키)

5.

A: 무슨 악기 연주할 수 있어요?

B: _____. (피아노)

6.

A: 무슨 악기 연주할 수 있어요?

B: _____. (플루트)

7.

A: 무슨 악기 연주할 수 있어요?

B: _____. (바이올린)

Complete the table using –(으)ㄹ까요.

Verbs/Adjectives	–(으)ㄹ까요	Verbs/Adjectives	–(으)ㄹ까요
가다		배우다	
좋다		듣다	
만나다		치다	
찍다		보다	
공부하다		덥다	
만들다		바쁘다	

Complete the conversations using –(으)ㄹ까요 as in the example.

A: 이번 주말에 같이 영화 볼까요?

B: 좋아요. 주말에 같이 영화 봐요.

1.

A: 뭐 _____?

B: 김밥 먹고 싶어요.

2.

A: 주말에 같이 테니스 _____?

B: 네, 좋아요.

3.

A: 날씨가 덥네요. 제가 창문을 _____?

B: 네, 열어 주세요.

4.

A: 일요일에 같이 _____?

B: 미안해요. 일요일에 약속이 있어요.

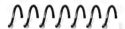
J **Complete the conversations using** –(으)ㄹ까요 **as in the example.**

예

A: 내일은 날씨가 <u>더울까요</u>?

B: 네, 오늘보다 더울 거예요.

1.

A: 저녁에 차가 많이 _____?

B: 네, 저녁에는 보통 차가 많이 막혀요.

2.

A: 줄리아 씨가 지금 _____?

B: 네, 내일 시험이 있어서 공부할 거예요.

3.

A: 비비안 씨가 오늘 파티에 _____?

B: 내일 숙제가 있어서 못 올 거예요.

4.

A: 이번 시험이 _____?

B: 아니요, 어려울 거예요.

5.

A: 한국어 시험이 언제 _____?

B: 한 시간 후에 끝날 거예요.

6.

A: 우리 어디에서 _____?

B: 우리 대학 캠퍼스는 어때요?

문법 6 –어야/아야 돼요: Obligation/necessity

K. Complete the table using –어야/아야 돼요.

Verbs/Adjectives	–어야/아야 돼요	Verbs/Adjectives	–어야/아야 돼요
가다		오다	
앉다		마시다	
좋다		만들다	
읽다		가깝다	
숙제하다		걷다	
쓰다		크다	

L. Complete the conversations using –어야/아야 돼요.

1.

A: 오후에 뭐 해요?

B: _____. 내일 시험이 있어요.

2.

A: 오늘 저녁에 뭐 해요? 같이 영화 봐요.

B: 미안해요. 어제 잠을 못 잤어요. 오늘은 일찍 _____.

3.

A: 오늘 뭐 해요?

B: 친구 선물을 _____. 내일 친구 생일 파티가 있어요.

4.

A: 토요일에 뭐 해요?

B: _____. 우리 집에 친구가 올 거예요.

5.

A: 여름 방학에 뭐 해요?

B: 학교에서 수업을 _____.

□ 더럽다 ⊕ to be dirty

M **Answer the questions with the cue words using −어야/아야 돼요.**

1.

A: 감기에 걸렸어요. 어떻게 해야 돼요?

B: _____. (약을 먹다)

2.

A: 날씨가 추워요. 어떻게 해야 돼요?

B: _____. (창문을 닫다)

3.

A: 선생님이 지금 이야기하세요. 학생은 어떻게 해야 돼요?

B: _____. (잘 듣다)

4.

A: 집에 음식이 없어요. 어떻게 해야 돼요?

B: _____. (장을 보다)

5.

A: 방이 더러워요. 어떻게 해야 돼요?

B: _____. (청소하다)

6.

A: 아침을 못 먹어서 배가 고파요. 어떻게 해야 돼요?

B: _____. (점심을 먹다)

더 나아가기 2

Ⓝ **Listen to the conversation and answer the questions.**

1. 남자의 취미는 뭐예요? _____예요/이에요.

2. Choose the correct statement.

① 남자는 운동을 안 좋아해요.

② 남자는 5년 전부터 골프를 쳤어요.

③ 여자는 테니스를 칠 줄 알아요.

④ 여자는 골프를 배우고 싶어 해요.

Ⓞ **Listen to the conversation and answer the questions.**

1. Choose the correct statement.

① 저스틴 씨 생일은 토요일이에요.

② 토니는 오전에 약속이 없어요.

③ 두 사람은 토요일에 저스틴 집에 가요.

④ 두 사람은 2시에 만날 거예요.

2. 두 사람은 어디에서 만날 거예요?

① 지하철역 　　　　② 도서관 　　　　③ 커피숍 　　　　④ 서점

3. 토니와 마리아는 (토요일 / 일요일)에 생일 선물을 사러 (마트 / 백화점)에 갈 거예요.

Ⓟ **Listen to the conversation and fill in the blank.**

여자는 시험이 있어서 _____ 돼요. 다음 주 토요일에는 부모님이 오세요.

여자는 장을 보고 집을 _____ 돼요.

Read the text and answer the questions.

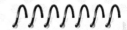

> 이사하다 to move in/ out
> 찾다 to look for
> 조용하다 to be quiet
> 동네 neighborhood

모하메드는 이번 여름 방학 때 이사를 하고 싶어 해요. 지금 모하메드는 친구하고 같이 살고 있어요. 그런데 집에서 학교까지 너무 멀어요. 지하철로 50분쯤 걸려요. 그래서 모하메드는 새 집을 찾고 있어요. 새 집은 학교에서 가까워야 해요. 모하메드는 주로 집에서 공부를 해서 집이 조용해야 돼요. 모하메드는 운동을 좋아해요. 그래서 동네에 체육관도 있어야 해요.

1. Which statement is correct?

   ① 모하메드는 이번 가을에 이사를 할 거예요.

   ② 모하메드는 지금 혼자 살아요.

   ③ 모하메드 집은 집에서 학교까지 가까워요.

   ④ 모하메드는 체육관에서 운동하고 싶어 해요.

2. Mark all of the requirements for the place that Mohammed wants to move to.

   깨끗해야 해요.   (   )   조용해야 해요.   (   )

   체육관이 있어야 해요.   (   )   방이 커야 해요.   (   )

   지하철역이 가까워야 해요. (   )   학교에서 가까워야 해요. (   )

Write what you should do to speak Korean fluently, using –어야/아야 돼요.

_____

_____

_____

_____

_____

Listening
Script

Listening Script

1과 한글

A.

ㅏ / ㅓ / ㅗ / ㅜ / ㅡ / ㅣ / ㅐ / ㅔ

B.

ㅑ / ㅕ / ㅛ / ㅠ / ㅒ / ㅖ / ㅘ / ㅝ / ㅚ / ㅟ / ㅙ / ㅞ / ㅢ

C.

1. ㅏ
2. ㅜ
3. ㅗ
4. ㅕ
5. ㅔ
6. ㅐ
7. ㅛ
8. ㅟ
9. ㅘ
10. ㅖ

D.

1. 아이
2. 오
3. 예
4. 여우
5. 아우

F.

1. 가
2. 라
3. 카
4. 다
5. 마
6. 자
7. 타
8. 하

G.

1. 가요
2. 커요
3. 탈
4. 데워요
5. 풀
6. 밭
7. 총
8. 짜요
9. 공짜
10. 밤
11. 싸요
12. 살

I.

1. 개 / 구름 / 공부 / 한국
2. 나무 / 노래 / 남자 / 눈
3. 돼지 / 돈 / 달력 / 닭
4. 라면 / 로봇 / 생일 / 팔
5. 문 / 머리 / 말 / 춤
6. 바지 / 비행기 / 뱀 / 집
7. 사전 / 선물 / 옷 / 호수
8. 우표 / 야구 / 공 / 음악
9. 전화 / 사진 / 자전거 / 쥐
10. 차 / 책 / 청소 / 꽃병
11. 커피 / 카메라 / 스키 / 부엌
12. 트럭 / 태권도 / 택시 / 탈
13. 포도 / 편지 / 연필 / 잎
14. 해 / 하나 / 학교 / 할머니

J.

1. 한국 / 캐나다 / 중국 / 미국 / 일본 / 영국
2. 서울 / 토론토 / 런던 / 뉴욕 / 방콕
3. 눈 / 코 / 입 / 귀 / 머리 / 목 / 어깨 / 팔 / 손 / 다리 / 무릎 / 발 / 배 / 허리
4. 불고기 / 삼겹살 / 비빔밥 / 피자 / 햄버거 / 된장찌개 / 콜라
5. 이메일 / 인터넷 / 스케이트 / 스웨터 / 콘서트 / 컴퓨터 / 스마트폰

K.
1. 안녕하세요. / 안녕히 가세요. / 안녕히 계세요. / 실례합니다. / 감사합니다. / 고맙습니다. / 미안합니다. / 죄송합니다.
2. 잘했어요. / 앉으세요. / 일어나세요. / 읽어 보세요. / 따라 하세요. / 잘 들으세요. / 해 보세요. / 다시 해 보세요. / 나오세요. / 들어가세요.

2과 안녕하세요?

[더 나아가기1] O.
제임스 씨는 요리사예요. 켈리 씨는 가수예요. 마크 씨는 회사원이에요. 스티브 씨는 의사예요.

[더 나아가기1] P.
안녕하세요. 저는 제니퍼예요. 저는 캐나다 사람이에요. 저는 대학생이에요. 우리 아버지는 한국 사람이에요. 우리 어머니는 캐나다 사람이에요. 선생님이에요. 우리 여동생은 중학생이에요.

[더 나아가기2] K.
린다는 미국 사람이에요. 린다 아버지는 미국 사람이 아니에요. 린다는 고등학생이에요. 린다 동생은 고등학생이 아니에요. 중학생이에요.

[더 나아가기2] L.
제임스는 선생님이에요. 제임스 누나도 선생님이에요. 제임스 동생은 학생이에요. 대학교 3학년이에요. 제임스 형은 학생이 아니에요.

[더 나아가기2] M.
안녕하세요, 저는 토니예요. 저는 호주 사람이에요. 저는 고등학생이에요. 우리 동생은 에릭이에요. 에릭은 고등학생이 아니에요. 에릭은 중학생이에요.

3과 다운타운에 살아요.

[더 나아가기1] Q.
저는 집이 밴쿠버예요. 부모님이 밴쿠버에 살아요. 아버지는 선생님이에요. 어머니는 도서관에서 일해요.

여동생도 밴쿠버에 있어요. 여동생은 중학생이에요. 저는 토론토에 살아요. 대학교에서 한국 역사를 공부해요. 수업이 아주 재미있어요.

[더 나아가기1] R.
제니퍼는 기숙사에서 살아요. 제니퍼는 오늘 한국어 수업에 가요. 한국어 수업에 친구가 많아요. 민호는 한국 사람이에요. 민호도 기숙사에 살아요. 저스틴은 캐나다 사람이에요. 저스틴도 기숙사에 살아요. 비비안은 중국 사람이에요. 비비안은 아파트에 살아요.

[더 나아가기1] S.
우리 학교는 커요. 마리아는 교실에 있어요. 교실에서 공부해요. 민호는 체육관에 있어요. 체육관에서 운동해요. 제니퍼는 도서관에 있어요. 도서관에서 책 읽어요. 모하메드는 기숙사에 있어요. 기숙사에서 자요. 토니는 식당에 있어요. 식당에서 점심 먹어요.

[더 나아가기2] L.
남자: 실례합니다. 학교 식당이 어디 있어요?
여자: 식당은 기숙사 옆에 있어요. 도서관 안에도 있어요.
남자: 도서관은 어디 있어요?
여자: 도서관은 학생회관 뒤에 있어요.
남자: 감사합니다.

[더 나아가기2] M.
저는 기숙사에 살아요. 기숙사 방이 아주 작아요. 방 안에 침대가 있어요. 침대 옆에 책상이 있어요. 책상 위에 책이 있어요. 책 옆에 시계가 있어요. 시계가 작아요. 책상 밑에 가방이 있어요. 가방이 커요. 가방 옆에 신발이 있어요.

[더 나아가기2] N.
스티브는 고등학생이에요. 미국 사람이에요. 스티브는 학교에서 한국어 공부해요. 한국어 교실은 작아요. 에이미, 리키, 줄리아는 한국어 수업 친구예요. 에이미는 스티브 앞에 있어요. 리키는 에이미 옆에 있어요. 줄리아는 스티브 옆에 있어요. 리키 뒤에 줄리아가 있어요. 한국어 수업이 재미있어요.

4과 비빔밥 먹으러 가요.

[더 나아가기1] T.
여자: 같이 저녁 먹으러 가요.
남자: 좋아요. 중국 음식 어때요?
여자: 저는 한국 음식 먹고 싶어요.
남자: 그래요. 그럼 한국 음식 먹으러 가요.

[더 나아가기1] U.
여자: 방학 때 뭐 하고 싶어요?
남자: 말레이시아에 가고 싶어요.
여자: 말레이시아에서 뭐 하고 싶어요?
남자: 친구 만나고 싶어요. 말레이시아에 친구가 살아요. 비비안 씨는요?
여자: 저는 한국어 공부하러 한국에 가고 싶어요.

[더 나아가기1] W.
저는 방학 때 한국에 여행 가고 싶어요. 한국에서 쇼핑하고 싶어요. BTS 콘서트에도 가고 싶어요. 사진도 많이 찍고 싶어요. 그리고 한국 음식 많이 먹고 싶어요. 떡볶이하고 김밥 먹고 싶어요.

[더 나아가기2] R.
여자: 뭐 드릴까요?
남자: 불고기가 맛있어요?
여자: 아주 맛있어요.
남자: 매워요?
여자: 안 매워요.
남자: 그럼 불고기 주세요.

[더 나아가기2] S.
여자: 의자에 앉으세요. 어디 아파요?
남자: 머리가 아파요.
여자: 그래요? 많이 아파요?
남자: 네, 많이 아파요.
여자: 그럼, 여기에서 의사 선생님을 기다리세요.

5과 전화번호가 뭐예요?

[더 나아가기1] M.
마크: 수잔 씨, 생일이 언제예요?

수잔: 제 생일은 3월 18일이에요. 마크 씨 생일은 언제예요?
마크: 제 생일은 5월 20일이에요.
수잔: 어머, 내일이 생일이에요? 축하해요!
마크: 고마워요.

[더 나아가기1] N.
남자: 제니퍼 씨, 이번 주말에 뭐 해요?
여자: 금요일 저녁에 친구하고 서점에 가요.
남자: 일요일에는 뭐 해요?
여자: 일요일에 집에 있어요.
남자: 그럼, 도서관에서 같이 공부해요.
여자: 좋아요. 몇 층에서 만나요?
남자: 2층에서 만나요.
여자: 그래요.

[더 나아가기1] O.
오늘은 이월 십사 일 금요일이에요. 내일은 모하메드 생일이에요. 내일 저녁에 기숙사에서 생일 파티를 해요. 제니퍼하고 저스틴은 생일 케이크를 사요. 케이크는 이십오 불이에요. 비비안하고 다니엘은 오늘 백화점에 선물을 사러 가요. 선물은 농구공이에요. 농구공은 사십 불이에요. 농구공은 삼 층에서 팔아요.

[더 나아가기2] K.
다니엘: 마리아 씨, 이번 주말에 뭐 해요?
마리아: 이번 주말에 엄마하고 동생하고 뉴욕에 가요.
다니엘: 몇 시 비행기예요?
마리아: 오전 8시 45분 비행기예요.
다니엘: 언제 집에 와요?
마리아: 월요일 오후 6시 반에 와요.
다니엘: 그럼, 화요일에 봐요.
마리아: 네, 그래요.

6과 어제 어디에 갔어요?

[더 나아가기1] O.
여자: 어제 뭐 했어요?
남자: 친구를 만났어요.
여자: 친구하고 뭐 했어요?
남자: 친구하고 식당에 점심 먹으러 갔어요.

여자: 무슨 음식 먹었어요?

남자: 저는 김밥하고 라면을 먹었어요. 친구는 어묵하고 만두를 먹었어요.

여자: 맛있었어요?

남자: 김밥은 맛있었어요. 그런데 라면은 조금 매웠어요.

[더 나아가기1] P.

여자: 방학 때 뭐 했어요?

남자: 미국에 갔어요.

여자: 미국에서 뭐 했어요?

남자: 친구가 미국에 살아요. 그래서 친구를 만났어요. 비비안 씨는요?

여자: 저는 한국어 공부하러 한국에 갔어요.

[더 나아가기1] Q.

민호는 월요일에 학교에서 한국어 수업을 들었어요. 화요일에는 수영장에 수영하러 갔어요. 수요일에는 옷가게에서 아르바이트했어요. 목요일에는 친구를 만나러 도서관에 갔어요. 금요일에는 여자친구하고 케이팝 콘서트에 갔어요. 토요일에는 놀이공원에 가고 싶었어요. 그런데 날씨가 너무 추웠어요. 그래서 못 갔어요. 친구하고 극장에서 한국 영화를 봤어요. 그리고 한국 식당에서 저녁을 먹었어요. 일요일에는 집에서 숙제했어요.

[더 나아가기2] Q.

여자: 어제 뭐 했어요?

남자: 저는 어제 영화 봤어요.

여자: 아, 그래요? 극장에서 봤어요?

남자: 아니요, 극장에 안 갔어요. 친구 집에서 봤어요.

여자: 친구 집에는 어떻게 갔어요?

남자: 걸어서 갔어요.

여자: 집에서 친구 집까지 얼마나 걸렸어요?

남자: 10분쯤 걸렸어요. 제니퍼 씨는 뭐 했어요?

여자: 저는 수영장에서 수영했어요.

[더 나아가기2] R.

마리아: 앤디 씨, 이번 주 일요일에 시간 있어요?

앤 디: 네, 왜요?

마리아: 일요일이 제 생일이에요. 우리 집에서 생일 파티를 해요.

앤 디: 아, 그래요? 저도 마리아 씨 생일 파티에 가고

싶어요.

마리아: 꼭 오세요. 우리 집은 유니온 역 근처예요.

앤 디: 저는 학교 근처에 살아요. 학교에서 마리아 씨 집까지 어떻게 가요?

마리아: 지하철로 30분쯤 걸려요. 그리고 버스로는 1시간쯤 걸려요. 지하철을 타세요.

앤 디: 네, 좋아요.

[더 나아가기2] S.

제 이름은 해리예요. 런던에 살아요. 저는 작년에 한국에 갔어요. 런던에서 서울까지 비행기로 12시간쯤 걸렸어요. 비행기가 아주 빨랐어요. 공항에서 친구 집까지 버스로 1시간쯤 걸렸어요. 서울에서 지하철하고 버스를 자주 탔어요. 택시도 가끔 탔어요. 지하철이 제일 빠르고 편리했어요. 아침부터 저녁까지 친구하고 서울을 구경했어요. 정말 재미있었어요. 내년 여름에도 한국에 가고 싶어요.

7과 지금 공부하고 있어요.

[더 나아가기1] O.

저는 지아예요. 저는 기숙사에서 룸메이트 두 명하고 같이 살아요. 저는 지금 방에서 텔레비전을 보고 있어요. 제 룸메이트는 부엌에 있어요. 룸메이트 수지는 설거지를 하고 있고 줄리아는 요리를 하고 있어요. 오늘은 셋이 점심을 같이 먹어요.

[더 나아가기1] P.

여자: 민수 씨, 가족이 몇 명이에요?

남자: 저희 가족은 할아버지, 아버지, 어머니, 저, 남동생 5명이에요.

여자: 아, 할아버지하고 같이 살아요? 저희 할아버지는 2년 전에 돌아가셨어요. 민수 씨 할아버지는 건강하세요?

남자: 네, 연세는 많으시지만 건강하세요. 수영도 자주 하시고 산책도 하세요. 제니 씨는 가족이 많아요?

여자: 아니요, 저희 가족은 아버지, 어머니, 저 3명이에요.

[더 나아가기1] Q.

남자: 주희 씨, 얼굴이 안 좋아요. 괜찮으세요?

여자: 머리가 좀 아파요.

남자: 약 좀 드셨어요?

여자: 네, 2시간 전에 먹었지만 머리가 지금도 아파요. 그래서 쉬고 있어요.

[더 나아가기1] R.

제 이름은 저스틴이에요. 우리 가족은 모두 다섯 명이에요. 아버지, 어머니가 계시고 누나하고 형이 있어요. 아버지는 회사원이세요. 어머니는 고등학교에서 음악을 가르치세요. 어머니는 재미있고 신설하세요. 그래서 학생들이 어머니를 아주 좋아해요. 누나는 의사예요. 누나는 작년에 결혼했어요. 형은 대학원에서 생물학을 공부하고 있어요. 저는 대학교 1학년이에요. 저는 디자인을 전공하지만 한국 문화에도 관심이 많아요. 저는 디자이너가 되고 싶어요.

[더 나아가기2] O.

여자: 이번 방학에 뭐 할 거예요?

남자: 부모님이 독일에서 오실 거예요. 부모님하고 여행할 거예요. 제니퍼 씨는 뭐 할 거예요?

여자: 저는 여름 학기 수업을 들을 거예요. 두 과목 들을 거예요.

[더 나아가기2] P.

여자: 봄 방학에 뭐 했어요?

남자: 친구들하고 홍콩에 갔어요.

여자: 홍콩에서 뭐 했어요?

남자: 날씨가 따뜻해서 배도 타고 세일을 해서 쇼핑도 했어요.

[더 나아가기2] R.

준호는 어제 시험이 끝났어요. 그래서 오늘은 준호 집에서 파티를 할 거예요. 준호는 오전에 장을 보러 갔어요. 마트에서 고기, 채소, 과일, 음료수를 샀어요. 오후에는 집을 청소하고 음식을 준비했어요. 준호 친구는 한국 음식을 좋아해서 준호는 한국 음식을 만들 거예요. 불고기하고 잡채를 만들 거예요. 떡볶이도 만들 거예요. 떡볶이는 조금 맵지만 친구들이 아주 좋아해요. 여섯 시에 친구들이 올 거예요. 같이 음식을 먹고 영화를 볼 거예요. 그리고 친구들하고 이야기를 많이 할 거예요. 게임도 할 거예요. 파티가 아주 재미있을 거예요.

8과 스케이트 탈 수 있어요?

[더 나아가기1] M.

모하메드: 비비안 씨, 농구를 아주 잘 하시네요.

비 비 안: 고마워요. 저는 운동을 좋아해요. 고등학교 때부터 농구를 했어요. 저는 골프하고 테니스도 조금 칠 수 있어요. 모하메드 씨도 농구 잘하지요?

모하메드: 아니요. 저는 테니스는 칠 수 있지만 농구는 못해요. 저도 농구를 배우고 싶어요. 주말에 좀 가르쳐 줄 수 있어요?

비 비 안: 가르쳐 주고 싶지만 이번 주말에는 약속이 있어서 안 돼요. 그런데 다음 주에는 시간이 있어서 가르쳐 줄 수 있어요.

모하메드: 좋아요. 그럼 다음 주말에 가르쳐 주세요.

[더 나아가기1] N.

여자: 요즘 날씨가 아주 덥네요.

남자: 네, 요즘 너무 더워서 저는 어젯밤에도 잠을 잘 못 잤어요.

여자: 오늘은 바람도 많이 안 불어서 어제보다 더 더워요.

남자: 네, 그런데 모레는 비가 올 거예요. 그럼 조금 시원할 거예요.

[더 나아가기1] O.

저스틴: 하나 씨, 내일 바빠요?

하　나: 아니요. 약속은 없어요. 그런데 왜요?

저스틴: 내일 이사를 할 거예요. 도와줄 수 있어요?

하　나: 네, 도와줄 수 있어요.

저스틴: 그럼 오전 9시쯤 오세요. 도와줘서 고마워요.

하　나: 네, 내일 아침에 봐요, 저스틴 씨.

[더 나아가기1] P.

토니는 이번 여름에 서울에 갈 거예요. 한국대학교에서 한 달 동안 한국어를 배울 거예요. 학교 기숙사에서 살 거예요. 공부를 열심히 할 거예요. 그리고 여행도 갈 거예요. 서울은 지하철역이 많아서 아주 편리해요. 학교 기숙사에서 명동까지 지하철로 갈 수 있어요. 명동은 쇼핑이 편해요. 극장이 있어서 영화도 볼 수 있어요. 그리고 길거리 음식도 먹을 수 있어요. 중국 식당이 많아서 중국 음식도 먹을 수 있어요. 토니의 여름방학은 아주 재미있을 거예요.

여자: 취미가 뭐예요?

남자: 운동이에요. 골프를 자주 쳐요.

여자: 언제부터 골프를 쳤어요?

남자: 4년 전부터 쳤어요. 비비안 씨도 골프 칠 줄
　　　알아요?

여자: 아니요, 저는 테니스는 칠 줄 알지만 골프는 칠 줄
　　　몰라요. 골프를 별로 안 좋아해서 안 배웠어요.

마리아: 여보세요, 토니 씨 전화지요?

토　니: 네.

마리아: 토니 씨, 저 마리아예요. 이번 토요일에 시간
　　　　있어요?

토　니: 네, 왜요?

마리아: 일요일이 저스틴 씨 생일이에요. 토요일에
　　　　생일 선물 사러 백화점에 같이 갈 수 있어요?

토　니: 네, 좋아요. 그런데 오전에는 약속이 있어요.
　　　　오후에는 괜찮아요.

마리아: 그럼, 토요일 오후 2시에 만나요. 어디에서
　　　　만날까요?

토　니: 지하철역 괜찮아요?

마리아: 네, 좋아요. 토요일에 봐요.

남자: 일요일에 같이 영화 볼까요?

여자: 미안해요. 월요일에 시험이 있어서 공부해야
　　　돼요.

남자: 그럼 다음 주 토요일은 어때요?

여자: 미안해요. 토요일에는 서울에서 부모님이
　　　오세요. 장을 보고 집을 청소해야 해요.

모하메드는 이번 여름 방학 때 이사를 하고 싶어 해요.
지금 모하메드는 친구하고 같이 살고 있어요. 그런데
집에서 학교까지 너무 멀어요. 지하철로 50분쯤
걸려요. 그래서 모하메드는 새집을 찾고 있어요. 새집은
학교에서 가까워야 해요. 모하메드는 주로 집에서
공부를 해서 집이 조용해야 돼요. 모하메드는 운동을
좋아해요. 그래서 동네에 체육관도 있어야 해요.

NEW GENERATION KOREAN Series

NEW GENERATION KOREAN Series consists of *NEW GENERATION KOREAN 1* for beginner level and *NEW GENERATION KOREAN 2* for intermediate level. *NEW GENERATION KOREAN 1* and *2* include a textbook and a workbook. Textbook and workbook are available in both paper and digital formats.

NEW GENERATION KOREAN TEXTBOOK 1 can be used for both in-class and self-study for beginning-level Korean learners who want to understand, speak, read, and write contemporary Korean as well as learn about Korean culture.

NEW GENERATION KOREAN WORKBOOK 1 provides students with additional skill practice and textbook chapter reviews.

You can download the whole audio files of *NEW GENERATION KOREAN WORKBOOK 1* from www.newgenkorean.com

www.ingramcontent.com/pod-product-compliance
Ingram Content Group UK Ltd.
Pitfield, Milton Keynes, MK11 3LW, UK
UKHW010754260325
456717UK00008B/261